Rüdiger Liedtke

111 Orte in München, die Geschichte erzählen

111

emons:

Bibliografische Information der Deutschen Nationalbibliothek
Die Deutsche Nationalbibliothek verzeichnet diese Publikation in der Deutschen Nationalbibliografie; detaillierte bibliografische Daten sind im Internet über http://dnb.d-nb.de abrufbar.

Layout: Eva Kraskes, nach einem Konzept
von Lübbeke | Naumann | Thoben
Kartografie: Regine Spohner
Kartenbasisinformationen aus Openstreetmap,
© OpenStreetMap-Mitwirkende, ODbL
Druck und Bindung: Lensing Druck GmbH & Co. KG,
Feldbachacker 16, 44149 Dortmund
Printed in Germany 2019
Erstausgabe 2013
ISBN 978-3-7408-0876-1
Aktualisierte Neuauflage November 2019

Vorwort

Kennen Sie die Steinerne Isarbrücke, die im Jahr 1813 unter dem todbringenden Hochwasser einstürzte? Wissen Sie, wo im Mittelalter die leprakranken Münchner ausgesetzt wurden oder wie es den Gefangenen im Jungfernturm erging? Wo die Münchner einst einen Aufstand wagten, als ihnen das Bier zu teuer wurde? Haben Sie von der Salvatorschlacht am Nockherberg gehört?

In München trifft man auf Spuren prominenter und schillernder Personen der Geschichte. In der Ludwigstraße wurde die spätere österreichische Kaiserin Sissi geboren, im Nymphenburger Schlosspark nahm der Erzherzog sein Bad, in der Schönfeldstraße erschwindelte sich Adele Spitzeder ihr Vermögen, und in der Adlzreiterstraße schaute der junge Albert Einstein dem Vater über die Schulter.

Das Buch beschreibt Orte, mit denen sich schicksalhafte Ereignisse verbinden – quer durch die Jahrhunderte und Epochen: die Zeit der Monarchie, die Räterepublik, das »Braune München«. Waren Sie schon einmal an dem Ort, an dem mitten in München die Reichspogromnacht ausgerufen wurde? Oder an dem Schwabinger Gartenhäuschen, in dem die Geschwister Scholl ihre Flugblätter gegen den Naziterror verfassten? An der Stelle, an der Georg Elser seine Bombe gegen Hitler zündete? Wussten Sie, dass der FC Bayern als »Judenclub« bekannt war?

Es gibt Orte, die für Schlagzeilen und Nervenkitzel gesorgt haben, zum Beispiel die Filiale der Deutschen Bank in der Prinzregentenstraße, die Ort eines Überfalls wurde. Und Orte, mit denen sich ein Lebensgefühl verbindet, wie der Arabellapark, in dem spektakuläre Welthits geschrieben wurden.

»111 Orte in München, die Geschichte erzählen« führt Sie an Plätze und versteckte Orte, mit denen sich spannende und spektakuläre Ereignisse aus der Münchner Vergangenheit verbinden. Geschichte und Geschichten abseits der bekannten Denkmäler und Touristenpfade. Ein Buch voller ungewöhnlicher Entdeckungen.

111 Orte

1 Die Alte Akademie

Das erste deutsche Foto zeigt die Frauenkirche

Aus einem Fenster des Rückgebäudes der Königlich-Bayerischen Akademie der Wissenschaften, 1759 von Kurfürst Maximilian III. Joseph gegründet und von 1783 bis 1944 im Wilhelminum, dem ehemaligen Jesuitenkolleg in der Neuhauser Straße, beheimatet, gelang 1839 ein bahnbrechender Schnappschuss, der Fotogeschichte schreiben sollte. Ein lange belichtetes Bild der Münchner Frauenkirche im Format vier mal vier Zentimeter und in einer »sehr schönen, warmen dunkelbraunen Farbe«.

Seit Monaten schon hatten zwei Münchner Gelehrte mittels einer eigenen von ihnen entwickelten Technik an einer Methode experimentiert, Lichtbilder auf Papier zu fixieren: Der Physiker und Mathematiker Carl August von Steinheil (1801–1870), der als genialer Erfinder galt und 1836 den ersten Schreibtelegrafen konstruiert hatte, und der Mineraloge Franz von Kobell (1803–1875). Immer wieder standen die beiden Männer zu neuen Versuchen hoch oben am Fenster mit Blick auf die Türme der Frauenkirche. Und die Zeit drängte. Denn es war längst klar, dass verschiedene Wissenschaftler in Europa fieberhaft an der Erfindung der Fotografie arbeiteten.

Dann die Sensation. Anlässlich einer Akademiesitzung am 13. April 1839 präsentierten die beiden Wissenschaftler ihren staunenden Kollegen einen Bogen mit fünf Chlorsilberfotografien, auf dem verschiedene Münchner Gebäude zu sehen waren. Besonders gelungen: die Frauentürme, aufgenommen mit einer unglaublich langen Belichtungszeit und einer eigens entwickelten Camera obscura. Nahezu parallel hatten die beiden Franzosen Louis Daguerre und Nicéphore Niépce ihre Methode, die sogenannten Daguerreotypien, der Öffentlichkeit vorgestellt, eine Technik mit versilberten Kupferplatten, die die Münchner Papierbilder ausstachen. Bis heute ist es in der Wissenschaft umstritten, wer nun als Erfinder der Fotografie gilt. Fest steht aber: Der von Kobell und Steinheil präsentierte fotografische Blick auf die Frauenkirche ist die erste Fotografie Deutschlands.

Blick auf die Frauenkirche 1839

Adresse Neuhauser Straße 10, 80331 München (Altstadt) | **Anfahrt** U 4/5, Haltestelle Karlsplatz (Stachus); U 3/6, Haltestelle Marienplatz | **Und heute** Die Bayerische Akademie der Wissenschaften befindet sich seit 1959 im Nordostflügel der Münchner Residenz.

2 Das Alte Rathaus

Im historischen Saal wurde die Reichspogromnacht ausgerufen

Es ist der 9. November 1938. Wie in jedem Jahr zelebriert die NS-Führung mit viel Pomp den Jahrestag des Hitler-Ludendorff-Putsches von 1923. Erst der martialische Gedenkmarsch für die Opfer des gescheiterten Putsches vom Bürgerbräukeller zur Feldherrnhalle und zum Königsplatz und dann am Abend das traditionelle, eher »intime« Treffen der Parteiführung mit Funktionären und SA-Führern im gotischen Festsaal des Alten Rathauses am Marienplatz. Am Abend zuvor hatte Hitler seine Rede vor »alten Kämpfern« im Bürgerbräukeller gehalten, wild und zügellos wie immer, mit Hasstiraden auch gegen das »internationale Judentum«. Seit Tagen schon wird deutschlandweit Stimmung gegen Juden gemacht. Der Vorwand: das Attentat eines jungen jüdischen Polen auf den deutschen Legationssekretär Ernst vom Rath in Paris.

Während des Parteiempfangs im Alten Rathaus, es ist gegen 21 Uhr, erfährt Hitler vom Tod des jungen Diplomaten, der auch Mitglied der NSDAP und der SA war. Hitler berät sich mit Propagandaminister Joseph Goebbels und verlässt um 22 Uhr das historische Rathaus. Minuten später hält Goebbels vor den NS-Kämpfern eine flammende Hetzrede gegen die Juden, die er für den Tod Raths verantwortlich macht. Er lobt den angeblich »spontanen« Volkszorn gegen alles Jüdische, fordert die Gauleiter und SA-Führer zum Handeln auf. Die Rede ist kurz, aber von weitreichender Wirkung. Ab 22.30 Uhr kabeln die Parteifunktionäre ihren Dienststellen die Weisung, jüdische Synagogen und Geschäfte zu zerstören, Tausende jüdische Bürger als Exempel harten Durchgreifens zu verhaften. Um 23 Uhr werden die ersten jüdischen Gotteshäuser angezündet. In ganz Deutschland brennen in dieser Nacht und in den folgenden Tagen die Synagogen, ziehen die Nazihorden plündernd und zerstörend durch die Straßen. In München werden 700 Geschäfte und Betriebe demoliert, rund 1.000 jüdische Bürger willkürlich verhaftet, schikaniert und nach Dachau deportiert.

Saal im Alten Rathaus mit NS-Standarten und Hitler-Büste 1936

Adresse Marienplatz 15, 80331 München (Altstadt) | **Anfahrt** U 3/6, Haltestelle Marienplatz | **Und heute** Im Festsaal des Alten Rathauses finden nach wie vor Veranstaltungen der Stadt München statt.

3 Der Alte Simpl

Jahrzehntelang Treffpunkt der Schwabinger Künstlerszene

Von Wirtin Toni Netzle Lokalverbot erhalten zu haben, gehörte in den 1970er und 1980er Jahren zum guten Ton. Schon deshalb, weil sich die umtriebige Wirtin eigentlich nie so richtig daran erinnern konnte, wen sie nun aus einer ihrer Launen heraus der Kneipe verwiesen hatte. So bedeutete »Lokalverbot« für die vielen prominenten und weniger prominenten Gäste aus Kultur, Politik und Schickeria, richtig angekommen zu sein in diesem geschichtsträchtigen Etablissement in der Türkenstraße. Da amüsierten und diskutierten an den Theken der beiden Gasträume Künstler und lokale Politiker, aber auch der bayerische Ministerpräsident Franz Josef Strauß schaute hier gern mal spätabends nach dem Rechten, obwohl auch er zwischenzeitlich mit Hausverbot belegt war. Er durfte normalerweise auf einer der vier von der Wirtin streng bewachten Stammtischbänke Platz nehmen. Da saßen auch Robert De Niro, Brigitte Bardot und Gina Lollobrigida.

Der legendäre Ruf des »Alten Simpl« begründete sich vor allem auf die Wirtin Kathi Kobus, die, 1903 aus der Trinkstube und Künstlerkneipe »Dichtelei« in der Adalbertstraße kommend, am 1. Mai das neue Lokal in der Türkenstraße 57 übernahm und zahlreiche Künstler, die bereits bei ihr verkehrt hatten, mit herüberbrachte. Schnell wurde der »Simpl«, dessen Name sich von der satirischen Zeitschrift »Simplicissimus« ableitete, zum abendlichen Treffpunkt der Schwabinger Boheme. Frank Wedekind, Oskar Maria Graf, Ludwig Thoma und Joachim Ringelnatz gehörten zu den Stammgästen. Und die Autoren und Zeichner des »Simplicissimus«. Es gab hochkarätige Lesungen, geplant und spontan, Kabarett und legendäre Hausbälle. Und konnte ein Gast mal die Zeche nicht zahlen, nahm Kathi Kobus dafür gern eine Zeichnung oder ein Gemälde an, das sie dann im Simpl aufhängte. Im Krieg durch eine Bombe zerstört, versuchte Toni Netzle in den 1960er Jahren an gleicher alter Stelle im neuen Alten Simpl an die Tradition des Künstlerlokals anzuknüpfen.

Simpl 1909 – in der Mitte mit erhobenem Glas Kathi Kobus

Adresse Türkenstraße 57, 80799 München (Maxvorstadt), Tel. 089/2723083 | Anfahrt U 3/6, Bus 154, Haltestelle Universität | Und heute Der Simpl ist unter seinem alten Namen eine ganz gewöhnliche Kneipe mit Restaurant. Viele Fotos und Bilder aus vergangenen Zeiten hängen noch im Lokal.

4 Der Amerikanerblock

Neues Wohnen durch ausländische Kredite

Die Wohnungsnot in München war groß in den 1920er Jahren. Zwischenzeitlich hatte jeder fünfte Münchner kein Dach über dem Kopf. Die Folge: Krankheiten nahmen zu, die Kriminalität stieg, Vandalismus war an der Tagesordnung. Es bestand dringender Handlungsbedarf. Der Stadtrat beschloss 1928 ein Sonderwohnungsbauprogramm. 12.000 Wohnungen sollten innerhalb von drei Jahren neu entstehen. Als Erstes wurde mit dem Bau der Großsiedlung Neuhausen auf einem 19 Hektar großen Gelände nördlich der Arnulfstraße begonnen. Bauherrin war die kurz zuvor gegründete »Gemeinnützige Wohnungsfürsorge AG« (GEWOFAG). Unter der Gesamtleitung und Planung von Hans Döllgast entstand in nur drei Jahren eine hochmoderne Siedlung mit 1.900 Wohnungen: bewusst nüchterne Fassaden, Zeilenbauweise in Nord-Süd-Richtung, gut durchdachte Grundrisse, Fenster im Osten und im Westen, Bäder in allen Wohnungen, dazu soziale Einrichtungen in den Erdgeschossen, Geschäfte und Kneipen.

Westlicher Endpunkt dieses Ensembles sollte ein besonders großer Gebäudekomplex werden, ein Blickfang des renommierten Architekten Otho Orlando Kurz. Dann kam die Weltwirtschaftskrise, der »Schwarze Freitag« 1929. Das Ende aller Pläne. Es schlug die Stunde des Oberbürgermeisters Karl Scharnagl. Er flog kurzerhand in die USA und handelte weitreichende Kredite aus, organisierte amerikanisches Geld. 1930 wurde der markante vierflügelige und fünfgeschossige Wohnblock mit den abgerundeten Ecken, verklinkerten Balkonen und dem weiten Innenhof gebaut. Seither wird er »Amerikanerblock« genannt, liegt am Steubenplatz (amerikanischer General) und ist über die Karl-Schurz-Straße (deutsch-amerikanischer Politiker) und die Washingtonstraße (amerikanischer Präsident) zu erreichen. Gerüchte sagen bis heute: Der Amerikanerblock wurde zu Ende des Zweiten Weltkrieges von den amerikanischen Bombern nur deshalb verschont, weil er mit amerikanischem Geld finanziert worden war.

Der Amerikanerblock nach der Fertigstellung

Adresse Steubenplatz 1, 80639 München (Neuhausen) | **Anfahrt** Tram 16/17, Bus 62, Haltestelle Steubenplatz | **Und heute** Der Amerikanerblock ist das flächenmäßig größte Wohnhaus Münchens und gilt als das markanteste Bauwerk der sogenannten Neuen Sachlichkeit.

5 Das Armbrustschützenzelt

Der tiefe Fall des Richard Süßmeier

Der »Napoleon der Wirte«, so wie er gern genannt wurde und sich selbst auch sah, fühlte sich immer unangreifbar. Seine Macht als Münchner Großgastronom und Wiesnwirt des »Armbrustschützenzelts« schien unbegrenzt. Der 1930 als Wirtssohn in München geborene Richard Süßmeier, verheiratet mit der Tochter des Brauerei-Moguls Walter Pschorr, war ein Stück unverrückbares München und seit 1958 unangefochtener Sprecher der Wiesnwirte. 1984 aber zogen dunkle Wolken über der Theresienwiese auf, und es entlud sich ein Sturm, der den großen Zampano hinwegfegte.

Richard Süßmeier hatte noch kurz zuvor über das angeblich schlechte Einschenken des Bieres in den Festzelten gespottet. Stimmung sei das, als der damals junge Radioreporter Günter Jauch eine süffige Reportage über das miserable Bierzapfen ablieferte, in der er nachwies, das aus einem 200-Liter-Fass, dem sogenannten »Hirschen«, 280 Maß und mehr gezapft wurden. Zur Erklärung: eine Maß – ein Liter. Süßmeier höhnte voller Ironie und setzte scherzhaft noch eins drauf. Er schaffe es, mittels eines Tricks aus einem ganzen Brathendl drei Hälften zu filetieren. Längst stand er auf der schwarzen Liste des damaligen Kreisverwaltungsreferenten Peter Gauweiler, der sich in diesem Amt profilieren und volksnah präsentieren wollte und dem jede Antenne für die Ironie Süßmeiers fehlte. Und Süßmeier legte nach, machte sich über Gauweiler lustig. Auf einer Pressekonferenz zur Wiesn 1984 trat er gar als »Gauweiler« auf und ließ im Armbrustschützenzelt Plakate kleben mit der Aufschrift »Gauweiler is watching you«.

Da kam die Stunde der Abrechnung. Städtische Kontrolleure traten auf den Plan und beschuldigten Süßmeier, gegen das Ausländergesetz verstoßen zu haben. Der Wiesn-Napoleon hatte illegal ausländische Hilfskräfte beschäftigt. Am 30. September 1984, noch während der Wiesn, verlor Süßmeier seine Festzeltkonzession. Das war das Aus des Wirte-Sprechers und Wirte-Napoleons.

Richard Süßmeier 1978

Adresse Theresienwiese, 80339 München (Schwanthalerhöhe) | **Anfahrt** U 4/5, Haltestelle Theresienwiese; Bus 131/134, Haltestelle Theresienwiese | **Und heute** Das Armbrustschützenzelt ist nach wie vor eine führende Adresse auf dem Münchner Oktoberfest.

6 Die ARRI-Studios

Großes Kino aus der Türkenstraße

Überall auf der Welt, wo großes Kino produziert wird, ist eine Schwabinger Firma mit von der Partie: »ARRI« aus der Türkenstraße. Vier Buchstaben, die im internationalen Filmkosmos ein Synonym für höchste Qualität sind. Kein Wunder, dass ARRI auch Hollywood eroberte und allein mit der von ihr 1937 entwickelten ersten Spiegelreflexkamera der Welt, der ARRIFLEX 35, ein Dutzend Mal den Oscar für technische Innovationen in der Filmindustrie gewinnen konnte. Die ARRIFLEX machte es erstmals möglich, dass ein Kameramann durch den Sucher exakt das Bild sah, das in diesem Augenblick aufgenommen wurde. Sie galt als Revolution der Filmwelt.

1917 gründeten die kongenialen Tüftler August Arnold (1898 bis 1983) und Robert Richter (1899–1972), die beide an der Technischen Hochschule München Maschinenbau studiert und schon während des Studiums Kinoprojektoren kreiert hatten, ihre gemeinsame Firma Arnold & Richter. ARRI steht für Arnold und Richter. Fasziniert von der aufstrebenden Filmindustrie, entwickelten und produzierten sie Kameras und Filmtechnik für das Kino und erlangten mit spektakulären Erfindungen und Konstruktionen in den Bereichen Filmkopiermaschinen, Schneidegeräte, Lichttechnik und vor allem im Segment der 35-mm-Filmkameras eine weltweite Spitzenposition.

Unzählige Hollywoodfilme wurden mit ARRI-Kameras gedreht. Aus den großen Hollywoodstudios war ARRI seit Ende der 1960er Jahre nicht mehr wegzudenken, als es den Münchnern gelang, die Monopolstellung des US-amerikanischen Produzenten Panavision zu brechen. Alles, was Rang und Namen hatte, drehte nun mit ARRI-Kameras: Francis Ford Coppola, Stanley Kubrick, Steven Spielberg, Martin Scorsese. Das Münchner Unternehmen avancierte zum Weltmarktführer für Kinofilmkameras. Auch der letzte James-Bond-Film »Skyfall« erhielt seinen technischen Kick aus der Türkenstraße, der ARRI-Dependance seit den 1930er Jahren, zu der 1958 noch das renommierte ARRI-Kino kam.

ARRI-Gründer August Arnold (rechts) und Robert Richter um 1920

Adresse Türkenstraße 89, 80799 München (Schwabing) | **Anfahrt** U 3/6, Haltestelle Universität | **Und heute** ARRI residiert immer noch in der Türkenstraße, wenngleich ein Umzug in den Norden Schwabings geplant ist.

7 Die Asamkirche

Wenn ein reicher Mann sich eine Kirche leistet

Eine der ungewöhnlichsten und reizvollsten Kirchen Münchens steckt, fast unbemerkt, eingeklemmt auf einem Grundstück von knapp neun Meter Breite und 23 Meter Tiefe zwischen zwei Wohnhäusern. Das von Säulen gerahmte Portal ragt inmitten einer Felsformation leicht aus der Häuserzeile heraus auf den Bürgersteig. Wer die schmale Kirche unterhalb der Skulptur des Johannes von Nepomuk betritt, den empfängt ein Füllhorn an Stuckarbeiten, Skulpturen und prunkvollen Malereien, an goldenen Ornamenten, phantasievollen Figuren und eine Lichtführung, wie sie nur der pralle Spätbarock hervorgebracht hat. Dieses Gesamtkunstwerk Kirche, das sich dem Besucher in seiner inhaltlichen Dichte auf engem Raum nicht gleich erschließt, wirkt wie das Versuchslabor der großen bayerischen Rokokokünstler Egid Quirin Asam (1692–1750) und dessen Bruder Cosmas Damian Asam (1686–1739).

Der zu Ruhm und Wohlstand gelangte Egid Quirin Asam kaufte zwischen 1729 und 1733 in der Sendlinger Straße vier Wohnhäuser – mit einem festen Plan. Hier sollte zwischen seinem, mit einer kunstvollen Rokokofassade versehenen Wohnhaus und einem eher nüchternen Priesterhaus eine außergewöhnliche Kirche entstehen, eine Privatkirche zum Seelenheil der Brüder, ganz ohne fremden privaten oder öffentlichen Auftrag. Nach dem Abriss der beiden mittleren Häuser entstand die knapp 19 Meter hohe Kirche, für die, ihrer ungewöhnlichen Lage wegen, eine Baugenehmigung nur im Rahmen einer Stiftung erteilt wurde. 1733, im Jahr der Heiligsprechung des Johannes Nepomuk, wurde der Grundstein gelegt. Egid Quirin, der geniale Stuckateur und Bildhauer, und sein Bruder Cosmas Damian, der begnadete Deckenmaler, werkelten und experimentierten viele Jahre an ihrer Kirche, auf deren Hochaltar sie durch ein Fenster ihres Wohnhauses blicken konnten. Erst 1746 wurde St. Johann Nepomuk, wie die Kirche korrekterweise heißt, geweiht und schließlich nach großen Protesten auch der Münchner Bevölkerung zugänglich gemacht.

Die Brüder Asam um 1730

Adresse Sendlinger Straße 62, 80331 München (Altstadt) | **Anfahrt** U 3/6, Haltestelle Marienplatz; U 1/2/3/6/7, Tram 16/17/18/27/28, Haltestelle Sendlinger Tor | **Und heute** Die Asamkirche ist das private und künstlerische Vermächtnis der beiden großen Brüder des bayerischen Spätbarocks. Es finden dort regelmäßig Gottesdienste statt.

8 Das Atelier Elvira

Das Fotostudio der engagierten Frauenrechtlerinnen

Die Liberalität und Weltoffenheit Münchens in der Phase der Belle Époque zog viele Künstler an die Isar, so auch Ende des 19. Jahrhunderts die beiden gelernten Fotografinnen Anita Augspurg und Sophia Goudstikker, die miteinander in einer festen Beziehung lebten und in München für Furore sorgen sollten. Als sie 1887 ihr »Atelier Elvira« eröffneten, schräg gegenüber dem Prinz-Carl-Palais in der damaligen Von-der-Tann-Straße 15, wurden sie binnen weniger Monate zu einer der ersten Adressen der Porträtfotografie und zählten wegen ihrer offenen Lebensweise rasch zur Münchner Boheme. Schwerpunkt ihrer Fotokunst waren Kinderporträts, die damals wegen langer Belichtungszeiten als äußerst schwierig galten. Zur Klientel der beiden Frauen, die später zu bedeutenden Persönlichkeiten der deutschen und internationalen Frauenbewegung wurden, zählte die gehobene Münchner Gesellschaft. Und Angehörige des Königshauses. Sophia Goudstikker wurde als erste Frau zur »Königlich Bayerischen Hofphotographin« ernannt, das Studio Elvira stieg zum Hofatelier auf.

Aufsehen erregte das Atelier, als die Fotografinnen 1896 dem jungen Künstler August Endell den Auftrag für einen spektakulären Neubau erteilten. Besonders die grüne Fassade mit ihren verschlungenen Jugendstilformen erhitzte die Gemüter, galt vielen als »Beleidigung des bürgerlichen Geschmacks«. Die Eingangstür hatte die Form eines Stachelbaumes, die Fassade war nahezu fensterlos, um dem Studio unnötig grelles Sonnenlicht zu ersparen. Die Innenausstattung war in jeder Beziehung extravagant. Besonders ins Auge aber stach die riesige, 13 mal sieben Meter große, stuckierte, rosaviolette, drachenähnliche Ornamentik. Diese Fassade, die zu einem der bekanntesten Werke des Münchner Jugendstils werden sollte und vielfach als erstes abstraktes Werk der Kunstgeschichte überhaupt bezeichnet wird, machte Endell berühmt. Als die Nazis 1937 die Durchfahrtsstraße zum neuen »Haus der Deutschen Kunst« radikal erweiterten, schlugen sie das Drachenmotiv ab und übertünchten die Fassade.

Die Jugendstilfassade des Ateliers um 1900

Adresse Königinstraße/Von-der-Tann-Straße, 80539 München (Maxvorstadt) | Anfahrt U 3/4/5/6, Haltestelle Odeonsplatz; Tram 18, Haltestelle Nationalmuseum | Und heute 1944 wurde das Gebäude durch Bomben zerstört. Das Grundstück erhielten die siegreichen Amerikaner und errichteten hier ihr Generalkonsulat.

9_Die Aubergine

Wo Herr Witzigmann Hof hielt

Eine weiße Linie Kokain, eine Kreditkarte und ein gerollter Zehnmarkschein. Eindeutige Ingredienzien für einen Skandal. Als eine Handvoll Polizeibeamte im Mai 1992 die im Lehel liegende Wohnung des Münchner Starkochs Eckart Witzigmann stürmt und Kokain entdeckt, nimmt eine Affäre ihren Lauf, in der letztendlich alle verlieren. Der Koch, der Gast, die Stadt. Im März 1993 wird der Gourmetkönig wegen Drogenerwerbs und -besitzes zu zwei Jahren Gefängnis auf Bewährung verurteilt. Die Stadt München entzieht ihm die Konzession, sein Restaurant »Aubergine« weiterzuführen. Damit verliert München eine Attraktion der besonderen Art. Denn nachdem Eckart Witzigmann anfänglich unter der Führung Alfons Schuhbecks, der die »Aubergine«-Konzession kurzerhand übernommen hatte, noch weiterkocht, gehen 1994 im Nobelrestaurant endgültig die Lichter aus. Und damit endet ein Kapitel deutscher Kochgeschichte, das stilbildend für Generationen deutscher Köche war.

Der 1941 in Österreich geborene Witzigmann, der bei Paul Bocuse in Lyon gelernt und in den 1970er Jahren die französische Nouvelle Cuisine nach Deutschland gebracht hatte, eröffnete 1978 nach sieben erfolgreichen Jahren im Münchner Restaurant »Tantris« mit dem »Aubergine« am Maximiliansplatz sein eigenes Restaurant. Nach anfänglich zwei Michelin-Sternen avancierte er bereits 1980 zum ersten Drei-Sterne-Koch außerhalb Frankreichs. Und diese Sterne gab er bis zum Finale nicht mehr ab. Seinen Ruhm konnte auch die Kokain-Affäre nicht schmälern. Im Gegenteil: Nach dem Konzessionsentzug durch die Stadt München, der Rückgabe der drei Sterne und der Schließung des Restaurants ernannte der Gault Millau Eckart Witzigmann zum »Koch des Jahrhunderts«. Eine Ehre, die zuvor nur den französischen Starköchen Paul Bocuse, Joël Robuchon und Frédy Girardet zuteil geworden war. Und nun eben auch: Eckart Witzigmann, der die Qualität eines wirklich guten Essens immer am Maßstab einer gelungenen Kartoffelsuppe maß.

Eckart Witzigmann im »Aubergine«

Adresse Maximiliansplatz 5, 80333 München (Innenstadt) | **Anfahrt** U 3/4/5/6, Haltestelle Odeonsplatz; Tram 19, Haltestelle Lenbachplatz | **Und heute** In den Räumen der »Aubergine« befindet sich seit 2013 eine Diskothek.

10_Die Badenburg

Royales Planschen im Nymphenburger Park

Das erste beheizbare Hallenbad Europas steht im Nymphenburger Park. Zumindest seit den römischen Thermen hatte man so etwas nicht mehr gesehen. Vielleicht war es sogar das erste seiner Art weltweit. Am südlichen Ende des großen Sees entwarf Hofarchitekt Joseph Effner im Auftrag Kurfürst Max Emanuels zwischen 1718 und 1721 dieses kleine Schlösschen mit dem ausschließlichen Ziel, zu jeder Jahreszeit ein heißes Bad nehmen zu können.

Der großzügige Baderaum erstreckt sich über den Keller und das Erdgeschoss. Das 8,70 mal 6,10 Meter große Becken mit einer Wassertiefe von knapp 1,60 Meter, das Wasser floss aus goldenen Wasserhähnen, wurde das ganze Jahr hindurch wohltemperiert durch eine eigene Beheizungsanlage. Das Bad ist mit weiß-blauen niederländischen Kacheln versehen, die höher gelegene, von einem goldverzierten schmiedeeisernen Geländer umgebene Galerie ist komplett mit hochwertigem Stuckmarmor verkleidet. Die Decke des Badesaals schmücken Fresken, Brunnenmotive, Nymphen und Najaden, die sich dereinst im Wasser spiegelten. Aus den kurfürstlichen Wohn- und Schlafräumen, die allesamt mit chinesischen Seidentapeten ausgestattet sind, gibt es einen direkten Zugang zum Bad. Für Empfänge und Feste des Badeschlösschens stand der große Festsaal bereit mit seinem schweren Marmorboden, aufwendigen Stuckaturen und einem großen Gewölbefresko.

Die Wittelsbacher waren bekannt für ihre Badevergnügen. Neben dem luxuriösen Hallenbad der Badenburg gab es im Schlosspark weitere Badestellen für die hochherrschaftlichen Besitzer: hinter dem sogenannten »Dörfchen« am Abfluss des Brunnhäuschens zwischen dichten Bäumen beispielsweise das in den 1870er Jahren erstellte Prinzenbad mit Umkleidekabinen, Einstiegstreppen und einem 20 Meter langen und vier Meter breiten, ummauerten Becken. Hier tobten vor allem die jungen Wittelsbacher Prinzen. Aber auch Prinzregent Luitpold badete gern hier wie auch gelegentlich in der Badenburg.

Das Badezimmer in der Badenburg 1906

Adresse Schloss Nymphenburg, 80638 München (Nymphenburg) | **Anfahrt** Tram 17, Haltestelle Schloss Nymphenburg; Tram 12/16, Haltestelle Romanplatz | **Und heute** Die Badenburg ist neben der Pagodenburg, der Amalienburg und der Magdalenenklause eine der vier Parkburgen. Man kann die Badenburg und das Bad besichtigen.

11 Die Bankfiliale

Der Überfall in der Prinzregentenstraße

Es ist der 4. August 1971. München steht im vorolympischen Jahr. Ein schwülwarmer Sommerabend. Seit Stunden haben mehrere Hundertschaften Polizei in der Prinzregentenstraße Posten bezogen. Sie sind vor allem damit beschäftigt, Schaulustige und Gaffer zurückzudrängen, die Deutschlands ersten Banküberfall mit Geiselnahme hautnah miterleben wollen. Der Bayerische Rundfunk berichtet seit Stunden immer wieder live. Über 5.000 Menschen drängeln sich nahe der Bankfiliale der Deutschen Bank, die um 15.55 Uhr von zwei Männern, vermummt mit Motorhelmen und Gesichtsmasken, gestürmt worden war. Auch jetzt noch, um 22 Uhr, sind vier der ursprünglich 18 Geiseln in der Gewalt der Gangster. Schräg gegenüber der Bankfiliale, im ersten Stock von »Feinkost Käfer«, ist allerhand Prominenz eingetroffen, auch der CSU-Vorsitzende und spätere bayerische Ministerpräsident Franz Josef Strauß und der damalige Innenstaatssekretär Erich Kiesl. Sie beobachten das Geiseldrama bei Scampi und Champagner. Und erleben kurz vor Mitternacht das »große Finale«.

Die Bankräuber hatten der Polizei ein Ultimatum gestellt: Sie verlangen einen Fluchtwagen, zwei Millionen Mark und freien Abzug. Scharfschützen sind in den umliegenden Wohnungen in Stellung gegangen, Hubschrauber kreisen über Bogenhausen. Zweimal wird das Ultimatum unter Johlen und Pfiffen der Zuschauer verlängert. Um 23.40 Uhr bringt der Kassierer schließlich einen Geldsack zum Fluchtauto, dann holt er eine 20-jährige Geisel, an den Händen gefesselt und mit verbundenen Augen, und geleitet sie zum Beifahrersitz. Schließlich zeigt sich einer der beiden Geiselnehmer: der 31-jährige Hans Georg Rammelmayr aus Giesing, mit einer Maschinenpistole bewaffnet. Er geht zum Auto, setzt sich hinters Steuer, das Publikum klatscht. Da bricht die Hölle los. Die Scharfschützen schießen aus allen Rohren, durchsieben das Fluchtfahrzeug. Die Polizei feuert aus Maschinenpistolen. Rammelmayr und die Geisel sterben im Kugelhagel. Bis heute ist nicht geklärt, wer den Schießbefehl gegeben hat.

Polizisten stürmen die Bankfiliale

Adresse Prinzregentenstraße 70, 81675 München (Bogenhausen) | Anfahrt U 4, Haltestelle Prinzregentenplatz; Tram 16, Bus 100 (Museumslinie), Haltestelle Friedensengel | Und heute Die Bankfiliale gibt es noch an gleicher Stelle.

12 Die Bavaria

Im Triumphzug zur Theresienhöhe

Die Bavaria zu entwerfen und in Form zu bringen war das eine, diese monumentale Statue zu gießen eine der spektakulären technischen Herausforderungen des 19. Jahrhunderts. Nie zuvor seit der Antike wurde eine größere Figur in Bronze gegossen als die von dem jungen Bildhauer Ludwig von Schwanthaler modellierte Frauenfigur der Bavaria, zu der ihn König Ludwig I. 1837 beauftragt hatte. Obwohl Schwanthaler auf intensive Vorarbeiten durch Leo von Klenze, der schließlich das Ensemble auf der Theresienhöhe durch seine Ruhmeshalle vervollständigte, zurückgreifen konnte, dauerte die endgültige Modellierung der Bavaria insgesamt sechs Jahre. Dann stand der Gipskoloss, der jetzt noch für die Ewigkeit gegossen werden musste. Eine Aufgabe, der nur die 1824 gegründete Königliche Erzgießerei mit dem dazugehörigen metallurgischen Forschungsinstitut des Eisengießinspektors Ferdinand von Miller gewachsen war. Und der sollte sich mit dem Guss der Bavaria selbst ein Denkmal setzen. Denn das riesige Monument musste hohl und bis in den Kopf hinein begehbar sein. Der Bronzeguss bestand aus vier riesigen Teilgüssen: Kopf, Brust, Hüfte und Löwe, deren Erstellung insgesamt weitere sechs Jahre dauerte.

Im Sommer 1850 wurden die gewaltigen Einzelteile dann auf eigens konstruierten Spezialwagen mit je zwölf Pferden zur Ruhmeshalle an der Theresienhöhe gezogen. Am 7. August folgte schließlich als Höhepunkt der 200 Zentner schwere Kopf in einem langen Festzug. Nachdem er unter dem Schmettern der Trompeten mit Kränen langsam vom Wagen gehoben wurde, um im gigantischen Baugerüst auf den schon stehenden Rumpf aufgesetzt zu werden, entstiegen ihm unter dem Jubel des Publikums nach und nach 30 Arbeiter der Erzgießerei. Sie hatten sich im Kopf versteckt, um noch einmal die Wucht dieses Kolosses zu demonstrieren. Am 9. Oktober 1850 fand die feierliche Enthüllung der 18,5 Meter hohen, auf einem Neun-Meter-Sockel stehenden, 87 Tonnen schweren Bavaria statt.

Der Kopf der Bavaria in der Erzgießerei

Adresse Theresienhöhe 16, 80339 München (Schwanthalerhöhe) | **Anfahrt** U 4/5, Haltestelle Theresienwiese; Bus 131/134, Haltestelle Theresienwiese | **Und heute** Bavaria und Ruhmeshalle sind eine Attraktion. Der Kopf der Bavaria ist zu besteigen und bietet eine phänomenale Sicht.

13 Das Bismarck-Denkmal

Der Reichskanzler bleibt bis heute außen vor

Gedacht war das Bismarck-Denkmal für die Ehrenhalle des gerade entstandenen Deutschen Museums. So jedenfalls hatte sich das der einflussreiche Industrielle und mächtige Verbandsfunktionär der deutschen Wirtschaft Paul Reusch (1868–1956) gedacht, als er die Monumentalstatue im Zuge der überschwänglichen Bismarck-Verehrung, die mit Verzögerung auch Bayern und München erreicht hatte, dem Museum stiftete. Der Bildhauer Fritz Behn (1878–1970) hatte 1931 das 3,5 Meter hohe Monumentaldenkmal, gemeißelt aus rotem Sandstein, entworfen: Reichskanzler Fürst Otto von Bismarck, in der rechten Hand ein zu Boden gerichtetes Schwert, in der Linken eine Schriftenrolle.

Aber was von den Denkmal-Initiatoren im Rausch des Bismarck-Kults deutschpatriotisch gedacht war, stieß im 1925 eröffneten Deutschen Museum auf strikte Ablehnung seitens des Museumsgründers und Direktors Oskar von Miller. Er verweigerte die Aufstellung des Bismarck-Denkmals. Für ihn sollte das Museum konsequent unpolitisch bleiben – und vor allem was, bitte schön, hatte Otto von Bismarck mit Wissenschaft und Technik zu tun?

Dennoch wurde die Statue am 11. September 1931 vor dem Museum an der Eingangsseite des noch im Bau befindlichen Kongresssaales aufgestellt, ohne jede Feier und Huldigung, eher klammheimlich. Das rief in den Medien Empörung hervor. Und als auch noch der Schöpfer des Denkmals, Fritz Behn, einen Kranz mit der Inschrift »In Trauer, in Scham« niederlegte, war der Skandal um den Standort des Denkmals perfekt. Mit der Machtübernahme der Nazis verstärkte sich der Druck auf Oskar von Miller, aber der Reichsgründer fand dennoch nicht den Weg ins Museum. Getreu seinem im Eingangsbereich des Deutschen Museums zu lesenden Motto »In diesem Haus darf jeder machen, was ich will«, behielt Oskar von Miller die Oberhand. 1934 wurde der Bismarck schließlich von der Museumsinsel an einen Ort jenseits der Boschbrücke verbannt.

Das Bismarck-Denkmal vor der Kongresshalle

Adresse Boschbrücke, 80538 München (Isarvorstadt) | **Anfahrt** Bus 132, Haltestelle Boschbrücke; Tram 16, Haltestelle Deutsches Museum | **Und heute** Das Bismarck-Denkmal steht abseits des Deutschen Museums an der Boschbrücke.

14 Das »Braune Haus«

Das Zentrum des Naziterrors am Königsplatz

Hitler selbst hatte darauf gedrängt, die Parteizentrale der NSDAP in einen repräsentativen Bau zu verlegen, am liebsten umgeben vom klassizistischen Ensemble Ludwigs I., dem er sich in maßloser Selbstüberschätzung verwandt fühlte. Er und seine engsten Vertrauten, die bis dahin in der viel zu kleinen Parteizentrale in der Schellingstraße 50 saßen – die Mitgliederzahl der NSDAP war von Anfang 1921 von 3.000 bis Ende 1923 auf 55.000 hochgeschnellt –, hatten sich das 1828 vom königlichen Hofbaurat Jean Baptiste Métivier gebaute Anwesen in der Brienner Straße 55 zwischen Königs- und Karolinenplatz ausgesucht. Gebäude und Lage des Stadtpalais erschienen der Parteiführung repräsentativ und angemessen.

805.000 Goldmark, finanziert durch die Schwerindustriellen Fritz Thyssen und Friedrich Flick, zahlte die Partei im Mai 1930 der Witwe des englischen Kaufmanns Willy Barlow, der die Stadtvilla 1877 erworben hatte.

Der dreistöckige klassizistische Bau wurde vom späteren »Ersten Baumeister des Führers«, Paul Ludwig Troost, nach den Plänen Hitlers in ein Bürogebäude mit vielen NS-Insignien und Repräsentationsräumen umgebaut – mit Fahnenhalle, Standarten- und Senatorensaal. Hitler und sein Stellvertreter Heß residierten ab 1931 im ersten Stock, die Reichspressestelle im zweiten und die Reichsführung-SS und das Parteiarchiv im dritten.

Pikanterie am Rande: Ein großes Porträt des US-amerikanischen Industriellen Henry Ford, der fasziniert von Hitler und den Nazis war, hing hinter Hitlers Schreibtisch ebenso wie ein Gemälde Friedrichs des Großen.

Das »Braune Haus« – so nannte die Parteiführung der NSDAP ihre neue Zentrale – wurde zum Zentrum der anschließend durch Paul Ludwig Troost entstandenen Parteibauten am Königsplatz wie dem »Führerbau« und dem »NS-Verwaltungsbau«. 1945 wurde das »Braune Haus« nahezu vollständig zerstört, 1947 ganz abgerissen.

Das »Braune Haus«

Adresse Brienner Straße, am Königsplatz, 80333 München (Maxvorstadt) | Anfahrt U 2, Haltestelle Königsplatz; Tram 27, Haltestelle Karolinenplatz | Und heute Auf der bis 2012 unbebauten Brache entsteht jetzt, mehr als 80 Jahre nach Eröffnung der Terrorzentrale der Nazis, das NS-Dokumentationszentrum: ein moderner Kubus aus weißem Sichtbeton.

15_Die Brücke

Spektakuläres Bauwerk im Süden Münchens

Sie galt stets als Deutschlands Selbstmordbrücke Nummer eins. Nirgendwo sprangen mehr Leute in den Tod als von der Großhesseloher Eisenbahnbrücke im malerischen Isartal im Süden Münchens. 1877 wurde der erste Selbstmord registriert, bis 1978 folgten rund 300 weitere tödliche Sprünge. Allein zwischen 1955 und 1959 versuchten 64 Menschen, sich in die Tiefe zu stürzen, 37 konnten in letzter Sekunde daran gehindert werden. Die Brücke zog Lebensmüde magisch an, Psychologen sprachen von einer verhängnisvollen Sogwirkung.

Eröffnet wurde die Isar-Hochbrücke zwischen Harlaching und Großhesselohe 1857 nach fünfjähriger Bauzeit, versehen mit einer technologisch völlig neuen Trägerkonstruktion. Ihr Architekt und Erbauer war der Brückenbaupionier Friedrich August von Pauli (1802–1883). Die Brücke, die zum entscheidenden Bindeglied der Bayerischen Maximiliansbahn zwischen München und Salzburg wurde, galt als technische Meisterleistung und eines der ungewöhnlichsten Bauvorhaben ihrer Zeit. Sie ist 258 Meter lang und 31 Meter hoch und war damals nach der sächsischen Göltzschtalbrücke die zweithöchste Eisenbahnbrücke der Welt, zweigleisig angelegt mit beidseitig parallel zu den Gleisen verlaufenden Fußwegen. Aber die Lokomotiven wurden immer schwerer, die Züge länger, die Brücke instabiler. Und dann waren da die Selbstmörder. 1983 wurde die alte Brücke nach kontroversen Diskussionen abgerissen und zwei Jahre später neu eröffnet.

Auch heute sind mitunter welke Blumengebinde, verloschene Kerzenlichter oder handgeschriebene Fragen nach dem Warum stumme Zeugen der Trauer von Hinterbliebenen. Dabei hat sich die jetzt 42 Meter hohe und rund 260 Meter lange Brücke, seit sie an gleicher Stelle 1985 in Stahlbetonweise neu gebaut wurde, in einem Punkt entscheidend verändert: Der Fußgänger- und Radfahrweg wurde unter die Eisenbahntrasse gelegt und vollständig vergittert. Dennoch gelingt Lebensmüden immer wieder der Sprung in die Tiefe.

Die Eisenbahnbrücke von Großhesselohe um 1860

Adresse Geiselgasteigstraße, 81545 München (Harlaching); An der Isar/Höllerer Berg, 82049 Pullach | Anfahrt Tram 25, Haltestelle Großhesseloher Brücke | Und heute Auf der Strecke verkehren die Bayerische Oberlandbahn und die S-Bahn.

16 Das Buchgewerbehaus

Zeitungsgeschichte vom »Völkischen Beobachter« bis zur »Bild«

Da, wo später jahrzehntelang die Münchner »Bild«-Zeitung erschien, spielte einst das finsterste Kapitel deutscher Pressegeschichte. Denn in der Schellingstraße 39, im Buchgewerbehaus M. Müller & Sohn, erschien der »Völkische Beobachter«, das rechtsradikale und antisemitische Sprachrohr der NSADP, das es 1944 aus kleinsten Anfängen bis zu einer täglichen Auflage von 1,7 Millionen Exemplaren brachte.

1887 als »Münchner Beobachter« gegründet, wurde die bis dahin unbedeutende Zeitung mit der Übernahme durch die ultrarechte, überwiegend aus Adeligen und Großbürgern bestehende »Thule-Gesellschaft«, die früh mit der Nazipartei sympathisierte, 1918 in »Völkischer Beobachter« umbenannt und am 17. Dezember 1920 an die NSDAP als deren Parteiorgan und Propagandablatt für 120.000 Reichsmark verkauft.

Herausgegeben wurde das Kampfblatt vom Verlag Franz Eher Nachfolger GmbH, Thierschstraße 15, einem 1901 gegründeten Presse- und Buchverlag, der, wirtschaftlich marode, von Hitler komplett übernommen und zum Zentrum des nationalsozialistischen Medienimperiums ausgebaut wurde. Durch die Ausschaltung der gesamten oppositionellen Presse und der zwangsweisen Übernahme »arisierter« Verlage wurde er unter der Leitung des Hitler-Getreuen Max Amann zum größten europäischen Verlagshaus. Im Eher-Verlag wurde auch Hitlers »Mein Kampf« verlegt.

Die letzte Ausgabe des »Völkischen Beobachters« erschien im April 1945. In dem bei Kriegsende weitgehend unzerstörten und von den Amerikanern beschlagnahmten Buchgewerbehaus erschien auf den Druckmaschinen des Hetzblattes am 17. Oktober 1945 erstmals die von den Amerikanern zur »Re-Education« der Deutschen herausgegebene »Neue Zeitung«. Wenige Jahre später zog »Bild München« in das Buchgewerbehaus ein, das 1968 Zentrum der Krawalle gegen den Axel-Springer-Verlag wurde.

rddeutsche Ausgabe

usg. / 51. Jahrg. / Einzelpreis 20 Pf.

„Freiheit und Brot!"

Norddeutsche Ausgabe

Berlin, Sonnabend, 1. Oktober 1938

VÖLKISCHER BEOBACHTER

Kampfblatt der national-sozialistischen Bewegung Großdeutschlands

Unterredung les „VB." mit Chamberlain

s letzte Hindernis auf dem Wege zu größeren Dingen beseitigt"

München, 30. September.

Nach der Annahme des Münchener Abkommens durch Prag

Heute Einmarsch der deutschen Truppen

Räumung Sudetendeutschlands vom 1.—10. Oktober

Adolf Hitler — Chamberlain: Niemals mehr Krieg zwischen Deutschland und England!

Das Abkommen von München

Von Wilhelm Weiß

Das Parteiorgan der Nazis

Adresse Schellingstraße 39, 80799 München (Maxvorstadt) | **Anfahrt** U 3/6, Haltestelle Universität; Tram 27, Haltestelle Schellingstraße | **Und heute** Nach dem Auszug der »Bild-Zeitung« wurde das Buchgewerbehaus zu einem Bürohaus umgebaut.

17 Der Bürgerbräukeller

Als Georg Elser die Bombe explodieren ließ

Der Bürgerbräukeller an der Rosenheimer Straße ist auch an diesem 8. November 1939 bis auf den letzten Platz besetzt. Knapp 2.000 Parteigänger der NSDAP drängeln sich, warten auf die traditionelle Rede Adolf Hitlers, die er in Erinnerung an den Putschversuch von 1923 hier jährlich vor »alten Kämpfern« hält. Der Badenweiler Marsch erklingt, Hitler zieht mit seinem Gefolge durch die jubelnden Reihen und zum Rednerpult vor der mittigen Säule, die die mächtige Saaldecke des Bürgerbräukellers hält. Während der »Führer« seine Hasstiraden vor allem gegen England in den verrauchten und bierseligen Saal schleudert, tickt hinter dem Rednerpult die Zeitbombe, die den Krieg verhindern soll. Die Bombe des 36-jährigen schwäbischen Kunsttischlers Georg Elser. Der Zünder steht auf 21.20 Uhr.

Ein Jahr lang hatte Elser an dem Plan, Hitler zu beseitigen, getüftelt. In einer kleinen, in München angemieteten Werkstatt hatte er die Bombe mit dem komplizierten Zünder gebaut. Nächtelang hatte er sich heimlich im Bürgerbräukeller einschließen lassen, um die Säule auszuhöhlen und die Bombe zu installieren.

Aber anders als all die Jahre zuvor beendet Hitler seine Rede an diesem 8. November bereits um 21 Uhr. Wenig später verlässt er mit seiner Entourage den Bürgerbräukeller, um den Sonderzug um 22 Uhr zurück nach Berlin zu erreichen, da sein Flugzeug wegen schlechten Wetters nicht starten kann. 13 Minuten später detoniert die Bombe, fliegt der Bürgerbräukeller in die Luft. Die mächtige Betondecke kracht auf das Rednerpult. Acht Menschen sterben, über 60 werden verletzt.

Georg Elser wird am selben Abend, noch bevor die Bombe explodiert, auf dem Weg über die Schweizer Grenze eher zufällig verhaftet. Die Gestapo verhört und foltert ihn, behauptet, der britische Geheimdienst stehe hinter dem Anschlag, bringt ihn ins KZ Dachau. Aber Georg Elser ist ein Einzeltäter. Am 5. April 1945 wird er auf Hitlers Befehl hin ermordet.

Der Bürgerbräukeller nach dem Attentat

Adresse Rosenheimer Straße 11, 81667 München (Haidhausen) | **Anfahrt** S 1/2/3/4/6/7/8, Tram 15/25, Haltestelle Rosenheimer Platz | **Und heute** Eine Gedenktafel am Gasteig ehrt Georg Elser genau an der Stelle, an der die Säule und das Rednerpult Hitlers gestanden haben.

18 Das Café Stefanie

Die Ideenschmiede der »Elf Scharfrichter«

Aufgetreten sind sie in der Türkenstraße 28, im Rückgebäude des Gasthofs »Zum Goldenen Hirschen« mit 100 Sitzplätzen. Die »Elf Scharfrichter«, eine Kabaretttruppe der unterschiedlichsten Charaktere, zehn Männer, die in diabolischer Attitüde unter Pseudonymen von »Scharfrichternamen« auftraten, und eine Frau, die Diseuse Marya Delvard. Finanziert wurde das Unternehmen durch den Verkauf von Anteilsscheinen an wohlhabende Münchner Bürger. Gezecht, gefeiert und Ideen geboren hatte die hochkarätige Kabaretttruppe im nahen »Café Stefanie« an der Ecke Amalien-/Theresienstraße, ein Etablissement, das seinem Anspruch entsprechend »Café Größenwahn« genannt wurde. Das 1885 vom Konditoreibesitzer Karl Oberdorfer eröffnete Café Stefanie, nahe der Universität und der Akademie der Bildenden Künste gelegen und eine der wenigen Münchner Lokalitäten, die bis drei Uhr nachts geöffnet hatten, war Treffpunkt der Schwabinger Boheme.

Am 12. April 1901 hatte das von dem Kabarettisten Marc Henry, dem Lyriker Leo Greiner und dem Regisseur Otto Falckenberg gegründete Ensemble, das bald zu den bedeutendsten Kabaretts Deutschlands gehören sollte, Premiere. Am Eingang begrüßte das verehrte Publikum ein Totenkopf mit Perücke, aus dem ein Beil ragte. Von jetzt an wurde dreimal wöchentlich gespielt, monatlich das literarisch kabarettistische Programm voller Zeitkritik, schwarzem Humor, Todessehnsucht und Erotik geändert, ergänzt durch literarische Chansons, satirische Einakter und Brettl-Lieder. Als der Dramatiker Frank Wedekind mit seinen süffisanten und sarkastischen Liedern zu den »Scharfrichtern« stieß, waren die Vorstellungen, die immer mit dem Gesang am Richtblock begannen, stets bis auf den letzten Platz besetzt. Doch bereits 1904 kam das Ende. Querelen, finanzielles Hickhack, unendliche Programmdebatten an den Tischen des »Café Stefanie« führten zum Aus von Deutschlands erstem politischen Kabarett.

Das Café Stefanie um 1900

Adresse Amalienstraße 25, 80333 München (Maxvorstadt) | **Anfahrt** U 3/6, Haltestelle Universität; Bus 100, Haltestelle Maxvorstadt/Sammlung Brandhorst (Museumslinie) | **Und heute** In dem zum Teil kriegszerstörten Gebäude, in dem sich das Café befand, ist ein Hotel mit Restaurant untergebracht.

19 Der Chinesische Turm

Wo die Blasmusik den Takt angibt

In der Zeit des Biedermeiers, also etwa zwischen 1825 und 1848, dem Beginn der bürgerlichen Revolution in deutschen Ländern, ging es am Chinesischen Turm im südlichen Teil des Englischen Gartens besonders munter zu. Die direkt am Turm gelegene »Chinesische Wirtschaft« wartete innen und außen mit Tanzböden und Kegelbahnen auf. Vor allem der Ausschank im und am Turm war eine große Attraktion. Rundherum und in den ersten Stockwerken dieser 25 Meter hohen, im Stil einer Pagode errichteten Holzkonstruktion wurde Bier gezapft und mitten im Grünen kräftig gefeiert. Dreimal wöchentlich gab es Tanzmusik, dazu Konzerte der Militärkapellen und ab 1880 jeden Sonntag in den frühen Morgenstunden unterhalb des Turms den »Kocherlball«, ein Tanzvergnügen der Hausangestellten, der Köche, Mägde und Diener, die sich im Sommer immer Sonntag in der Früh vor Beginn der Arbeit zum Tanz verabredeten. 1904 wurde dieses »Treiben« wegen »sittlicher Verfehlungen« untersagt, aber anlässlich der 200-Jahr-Feier des Englischen Gartens 1989 zu neuem Leben erweckt.

Der Chinesische Turm wurde 1789/1790 nach dem Vorbild der noch größeren Pagode von London durch den Ingenieur Johann Baptist Lechner errichtet. Alles Chinesische war in dieser Zeit groß in Mode, und deshalb passte der Turm gut in das vom Grafen Rumford angelegte Konzept eines offenen Volksgartens als Antwort auf die Wirren der Französischen Revolution, die große Teile Europas zu erfassen drohten. Die fünfgeschossige Holzkonstruktion mit ihrer Wendeltreppe hat in den zurückliegenden Jahrhunderten auch manches Inferno erlebt. Mehrmals stand der Turm in Flammen. 1944 brannte er von einer Phosphorbombe getroffen völlig ab. Erst 1952 wurde der Turm mit seinen Schindeldächern und markanten vergoldeten Glocken wieder originalgetreu aufgebaut. In den 1970er Jahren mussten die Gäste aus Sicherheitsgründen die Holzkonstruktion verlassen. Heute darf lediglich noch die Blasmusik auf den Turm.

Bierausschank am Chinesischen Turm 1910

Adresse Englischer Garten 3, 80538 München (Schwabing) | Anfahrt U 3/6, Haltestelle Giselastraße; Tram 18, Haltestelle Tivolistraße; Bus 54/154, Haltestelle Chinesischer Turm | Und heute Der Chinesische Turm ist unvermindert ein Magnet für Münchner und Besucher der Stadt.

20 Das Colosseum

Das führende Varietétheater und die brennenden Eskimos

»Kil's Colosseum« in der Isarvorstadt ist die erste Amüsieradresse Münchens mit Tanz, Varieté und Bühnenschau und genießt einen europaweiten Ruf. Der Bauunternehmer Franz Kil hatte den Vergnügungstempel 1874 gebaut, Betreiber wurde sein Bruder Georg. Am 18. Februar 1881 steigt im großen Saal und in den umliegenden Räumen der Künstlerfasching der Studenten der Akademie der Bildenden Künste. Das Motto: »Eine Kneipenreise um die Welt«. Entsprechend phantasievoll ist der große Saal dekoriert. Zahlreiche Schenken, Fischerhütten, Kaffeehäuser, Almhütten sind eingerichtet, dazu ein amerikanischer Salon, ein japanisches Theater, ein Schiff. Die Bildhauerklasse der Akademie hat eine Eskimohütte gebaut, aus reichlich Pappe und Eisbergen aus Gips. Innen werden über einem Talglicht Spezialitäten gebraten. Die Studenten sind in künstlerische Eisbärfelle gekleidet. Die Stimmung der 3.000 Gäste ist überschwänglich, das Fest gilt schon weit vor Mitternacht als außerordentlich gelungen. Besonders die phantasievollen Kostüme werden allseits bejubelt.

Dann die Katastrophe: Ein Eskimo fängt am Talglicht Feuer und steht in Sekundenbruchteilen in Flammen. Kommilitonen stürzen sich auf ihn, wollen löschen. Aber die Kostüme aus leicht endzündbaren Wergfasern fangen umgehend Feuer, brennen ebenfalls lichterloh. Die schwarzen Stoffsubstanzen sengen sich in die Haut der Feiernden ein, die panikartig und schreiend durch die Menge rasen. Kein Entkommen. Und die Musik spielt weiter. Bis zum frühen Morgen. Viele begreifen nicht, was passiert ist. Die Schwerverletzten werden in Krankenhäuser gebracht, vier »Eskimos« sterben noch in derselben Nacht, am nächsten Tag weitere fünf. München steht unter Schock. Aber in die Berichterstattung mischt sich auch Häme über die Künstlerfeste und das Sündenbabel Kil's Colosseum. Denn immer galt das Lokal auch als »Kontaktbörse« und ein Zentrum der Prostitution, die gerade in der Isarvorstadt mit rund 20 Bordellen Anfang des 19. Jahrhunderts blühte.

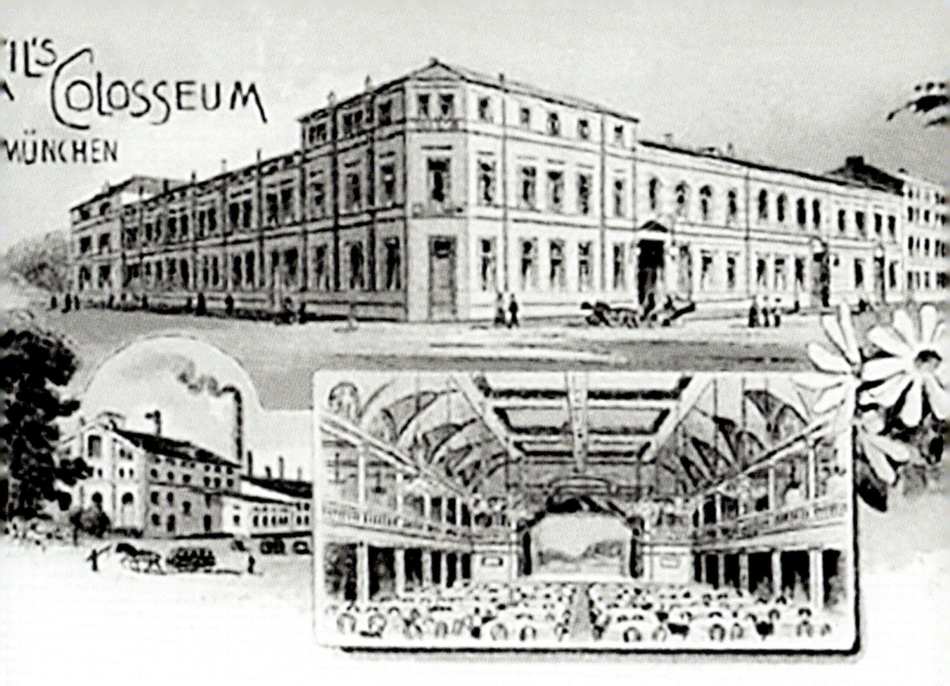

Kil's Colosseum München

Adresse Ickstattstraße/Jahnstraße, 80469 München (Isarvorstadt) | **Anfahrt** U 3/6, Haltestelle Sendlinger Tor; U 2, Haltestelle Fraunhoferstraße; Tram 16/17/18, Bus 117, Haltestelle Müllerstraße | **Und heute** Heute befindet sich hier ein großer Büro- und Wohnkomplex. Einen weiteren Vergnügungspalast gab es seinerzeit mit dem im maurischen Stil erbauten »Alhambra« in der Adlzreiterstraße.

21 Die Dachauer Bank

Das Vermögen der Adele Spitzeder

Eigentlich wollte die aus einer angesehenen Künstlerfamilie stammende Adele Spitzeder (1832–1895) Schauspielerin werden. Aber irgendwie klappte es mit der Karriere nicht, was die quirlige Frau aber nicht daran hinderte, auf recht großem Fuß zu leben. Sie wohnte mit Vorliebe in Hotels und Gasthäusern und führte einen aufwendigen Lebensstil. Dazu musste sie sich immer wieder Geld leihen. Und das gab man ihr, denn sie zahlte binnen Kurzem mit reichlich Zinsen zurück. Mit neuerlich geliehenem Geld. Das machte die Runde, und es wurden immer mehr Menschen bei ihr vorstellig, die der Schauspielerin ihr Geld anvertrauen wollten. Der Trick gebar die Idee. 1870 gründete Adele Spitzeder mit ihrer Lebensgefährtin eine »Bank«, erst in einem Hotel, dann kauften die Damen ein prächtiges Haus in feiner Gegend, in der Schönfeldstraße 9. Und da vor allem Handwerker und Kleinbauern aus dem Münchner Umland ihr Geld säckeweise zur Spitzeder brachten, vornehmlich aus der Dachauer Gegend, nannte sie ihr Geschäft »Dachauer Bank«. Die Zinsen gab es auf die Hand, zehn Prozent im Monat, aber nahezu alle Kunden legten das Geld gleich wieder an. Adele Spitzeder wurde zur umjubelten Münchner Geldverleiherin, vor allem die kleinen Leute verehrten sie. Für die etablierten Banken und die Polizei wurde sie zum roten Tuch.

Die Münchner Polizei hatte 40 Gläubiger überredet, ihre gesamten Einlagen gleichzeitig zurückzuverlangen. Adele Spitzeder konnte nicht zahlen. Am 12. November 1872 stürmten 20 Polizisten die Villa in der Schönfeldstraße. Die »Dachauer Bank« wurde wegen betrügerischen Bankrotts geschlossen, Adele Spitzeder verhaftet. Niemand der 40 Angestellten kannte sich in Bankgeschäften aus. Die Buchhaltung bestand lediglich aus Quittungen, die nur vermerkten, wer wie viel eingezahlt hatte. 14 Millionen Goldmark waren spurlos verschwunden, mehr als 30.000 Anleger hatten ihre gesamten Ersparnisse verloren, einige Landgemeinden standen vor dem Ruin, zahlreiche Geschädigte brachten sich um.

Adele Spitzeder

Adresse Schönfeldstraße 9, Ecke Kaulbachstraße, 80539 München (Maxvorstadt) | Anfahrt U 3/4/5/6, Haltestelle Odeonsplatz | Und heute Heute steht an der Schönfeldstraße, Ecke Kaulbachstraße ein Wohnhaus. Nichts erinnert an die »Wohltäterin« der kleinen Leute.

22 Das Domicile

Internationale Jazzhochburg in der Leopoldstraße

Es war ein banaler Streit um die Renovierung der Toiletten zwischen Pächter und Verpächter, der 1984 letztendlich zum Aus dieser renommierten Musikkneipe in der Leopoldstraße führte. Da aber war das einstige Münchner Jazz-Eldorado »Domicile« längst zu einem Rocklokal umgewidmet worden. Denn bereits 1981 hatte der legendäre Jazzclub, der einzige seiner Art in Deutschland von internationalem Rang, dichtgemacht. Durch den stetig steigenden Dollarkurs, die angehobene Ausländersteuer und die immer höheren Gagen der Musiker aus Übersee rechnete sich das Lokal nicht mehr. Jazzfan und Wirt Ernst Knauff, dem es jahrelang erfolgreich gelungen war, internationale Spitzenmusiker, die er höchstpersönlich in den USA rekrutierte, nach München zu holen, warf das Handtuch.

Die Anfänge des Domicile lagen in der Siegesstraße, wo am 1. Mai 1965 mit einem Gastspiel des Joe Haider Trios alles begann. Weitere nationale und internationale Top Acts waren in den engen, stets verrauchten und gerade mal 100 Zuhörer fassenden Räumlichkeiten zu Gast: Das Mal Waldron Trio spielte hier, Klaus Doldinger, Erich Mangelsdorff und Friedrich Gulda. Der Umzug in die Leopoldstraße katapultierte das Domicile ab 1976 in eine neue Dimension, das Kellerlokal avancierte schnell zu einem Jazzclub von Weltformat. Zum Auftakt gastierten Thad Jones und Mel Lewis mit ihrer Big Band, ein Konzert, wie man es in einem deutschen Jazzkeller noch nicht gehört hatte. Überhaupt schien der Erfolg des Domicile an der neuen Adresse ungebremst. Der große Zuschauerraum, die leicht erhöhte Bühne, die lange Bar. Und: Die Sperrstunde für den Jazzclub wurde auf vier Uhr morgens nach hinten verlegt, womit das Lokal zu einem Eldorado für musikverliebte Nachtschwärmer wurde, mit erheblich verminderten Preisen vor der letzten Session. Musikalische Hochkaräter traten nahezu allabendlich auf, wichtige Schallplatten wurden produziert, die Kritiken waren überschwänglich.

Die Thad Jones/Mel Lewis Big Band im Domicile

Adresse Leopoldstraße 19, 80802 München (Schwabing) | Anfahrt U 3/6, Haltestelle Giselastraße | Und heute In den Räumen des alten Domicile befindet sich jetzt eine Automatenspielhalle.

23 Der Donisl

Als der Gast mit K.-o.-Tropfen am Hinterausgang lag

Das historische Bierlokal Donisl am Marienplatz, das seinen Namen dem von 1760 bis 1775 amtierenden Wirt Dionysius Haertl verdankt, hatte nie einen überragenden Ruf. Aber nach dem Skandal von 1984 war er endgültig ruiniert, und die Traditionsgaststätte hat sich davon nie mehr so recht erholt. Vor allem nicht bei den Münchnern. Jetzt wird das bis ins Jahr 1315 zurückreichende ursprüngliche Weinlokal, das 1715 die Genehmigung zum Bierausschank erhielt und anfänglich unter »Reale Bierwirtschaft zur alten Hauptwache« firmierte, von Grund auf saniert. Dann soll das zur Schörghuber-Gruppe gehörende 2.600 Quadratmeter große Lokal, das zuletzt von der Familie Wildmoser eher »krachledern« geführt wurde, in gänzlich anderem Ambiente wieder eröffnen.

An einem milden Frühlingstag im Mai 1984 stürmten 80 Polizisten die Traditionsgaststätte, verhafteten zahlreiche Kellner und den Geschäftsführer, vernahmen alle 130 Bediensteten einzeln und beschlagnahmten kistenweise belastendes Material. Der Vorwurf: Mindestens 140 Raubüberfälle und Diebstähle an betrunkenen Gästen, vor allem Ausländern, die spätabends in dem zur Spelunke verkommenen Etablissement noch einen Absacker tranken und anschließend ausgenommen wurden. Nach der Großrazzia wurde der Donisl geschlossen. Als sich einer der Kellner in der Stadelheimer Haft erhängte und ein Geständnis hinterließ, wurde das ganze Ausmaß des Skandals sichtbar: Jahrelang wurden alkoholisierte Nachtschwärmer Opfer der »Donisl-Mafia«, mit K.-o.-Tropfen im Bier betäubt und anschließend bis aufs Hemd beraubt und vor den Hinterausgang der Kneipe gelegt. Andere fanden sich halb nackt auf dem Marienplatz wieder. Viele volltrunkene Opfer wurden ausgeraubt und vor die Tür gesetzt. Meist aus Scham verzichteten die Geschädigten auf eine Anzeige. Zentrum der Räuberhöhle war der Bierausschank, von hier aus gingen »komplette Schichten auf Beutezug« und machten den Donisl für sich zur Goldgrube.

Der Donisl in den 1950er Jahren

Adresse Weinstraße 1, 80333 München (Altstadt), Tel. 089/220184 | Anfahrt U 3/6, Haltestelle Marienplatz | Und heute Der Donisl ist die Traditionsgaststätte in unmittelbarer Nähe des Rathauses.

24 Der Edelsitz

Geheimdiplomatie im Bogenhausener Schloss Steppberg

Der bayerische Staats- und Außenminister Maximilian von Montgelas (1759–1838) nutzte sein 1803 privat erworbenes »Gartenhaus Bogenhausen«, wie er das Schlösschen Steppberg nannte, als Sommerresidenz. Und so wurde in Bogenhausen 1805 auch Politik gemacht und weitreichende Geschichte geschrieben. Tagelang verhandelte hier Graf Montgelas mit französischen Gesandten, um schließlich am 25. August den »Bogenhausener Geheimvertrag« zu unterzeichnen, der Bayern an die Seite Frankreichs und in eine kriegerische Allianz gegen Österreich und Russland bringen sollte. Die Folge war der Einmarsch Napoleons in München, die Befreiung Bayerns von den Österreichern und die Erweiterung des bayerischen Herrschaftsgebietes. Und Napoleon höchstpersönlich machte 1806 Kurfürst Max IV. Joseph zum König Max I. Joseph von Bayern. Auch der 1813 vollzogene Frontenwechsel Bayerns, das sich nunmehr gegen Frankreich und an die Seite Preußens und Österreichs schlug, wurde in Bogenhausen ausgeheckt.

Das Schlösschen Steppberg war 1640 zum sogenannten Edelsitz erhoben worden, zu einem dieser repräsentativen Anwesen des »niederen« Adels, der sich zwar keine eigene Burg leisten konnte, aber mit hohen staatlichen oder juristischen Befugnissen ausgestattet war. Montgelas lebte nach seiner Absetzung 1817 bis zu seinem Tod 1839 auf Schloss Steppberg. Sein Sohn veräußerte das Anwesen schließlich an Herzog Max von Bayern. 1900 erwarb die Baugesellschaft Herzogpark AG das zu Steppberg gehörende Gelände und bebaute es weitgehend. Das zwischenzeitlich verfallene Schloss erwarb der Kunstmaler und Farbenfabrikant Ernst Philipp Fleischer. Er ließ das Schloss abbrechen und auf dem Terrain 1909 eine riesige »Kunstvilla« bauen, die als Wohn- und Galerienhaus alle Privatgebäude Münchens in den Schatten stellen sollte. Doch nach wenigen Monaten ging dem Maler das Geld aus, und die Bauarbeiten wurden eingestellt. Zurück blieb eine gigantische Ruine, die 1919 schließlich durch den Reichsfinanzhof übernommen wurde.

Die Ruine der ehemaligen Fleischer-Villa

Adresse Ismaninger Straße 109, 81675 München (Bogenhausen) | Anfahrt Tram 16, Haltestelle Bundesfinanzhof | Und heute In der ehemaligen Fleischer-Villa residiert seit 1956 der Bundesfinanzhof.

25 Die Einstein'sche Fabrik

Dynamo-Maschinen aus der Adlzreiterstraße

Das Oktoberfest 1901 wartete mit einer Sensation auf, erstmals gab es nahezu flächendeckend elektrischen Strom zur Beleuchtung der Festwiese. Vorreiter und Pionier dieser Beleuchtungsorgie und maßgeblich für die Elektrifizierung des Oktoberfestes verantwortlich war seit Jahren die »Elektrotechnische Fabrik J. Einstein & Cie«. Einer, der bei der Lampeninstallation des Schottenhamelzeltes schon 1894 kräftig mit angepackt hatte, war der junge Albert Einstein (1879–1955). Seit 1880 lebte die Familie in München, mit sechs Jahren zog Sohn Albert aus Ulm in das Haus Adlzreiterstraße 12 nach, ab 1888 besuchte der Junge das Luitpold-Gymnasium (heute Albert-Einstein-Gymnasium) in Harlaching.

Alberts Vater Hermann war Mitinhaber der gemeinsam mit seinem Bruder Jacob Einstein geführten Firma im Hinterhof des Anwesens in der Adlzreiterstraße, dessen Rückgebäude bis zur Lindwurmstraße reichte. Die aus einer jüdischen Familie stammenden Einsteins waren Tüftler und Erfinder im Bereich der Elektrotechnik, ab 1883 spezialisierten sie sich auf elektrisches Licht, produzierten Dynamos und starke Bogenlichtlampen. Das Unternehmen erlebte ab 1885 einen grandiosen Aufschwung. Die mittelständische Firma, die sich auf die Erzeugung von Gleichstrom fokussiert hatte und bis zu 300 Angestellte beschäftigte, beleuchtete Wirtshäuser, Bierzelte, die ersten Straßenlaternen Schwabings und belieferte Kraftwerke. Auf dem Oktoberfest 1885 stellten Einstein & Cie. erstmals 16 Bogenlampen auf, die über eine 6,5 Kilometer lange Freileitung vom Fabrikgelände in der Adlzreiterstraße aus mit Strom versorgt wurden. Als es um die Großaufträge zur Elektrifizierung der Stadt München ging, kam die Krise. Die großen Unternehmen Siemens & Halske, Schuckert und AEG, ohnehin spezialisiert auf den aufstrebenden Wechselstrom, bekamen die Zuschläge. Die Aufträge für Einstein & Cie. blieben aus, 1886 folgte der Konkurs, das Unternehmen gab auf und zog nach Italien.

Die Elektrotechnische Firma J. Einstein & Cie. 1891

Adresse Adlzreiterstraße 12, 80337 München (Isarvorstadt) | **Anfahrt** U 3/6, Haltestelle Goetheplatz oder Poccistraße; Bus 58, Haltestelle Goetheplatz oder Kapuzinerplatz | **Und heute** Eine Gedenktafel erinnert an das Haus der Kindheit Albert Einsteins und damit auch an die Fabrik der Eltern.

26 Das Elefantenhaus

Ein neues Zuhause für die Dickhäuter

Zu Beginn des 20. Jahrhunderts gab es in München eine große Orientbegeisterung, ein ungebremstes Faible für Exotisches. Das äußerte sich in Kunstobjekten, in der Architektur, im Theater, in Völkerschauen.

Als der Architekt Emanuel von Seidl 1914 daranging, für den drei Jahre zuvor eröffneten Münchner Tierpark Hellabrunn ein Elefantenhaus zu bauen, setzte er diesen Trend spektakulär fort. Der Architekt, der schon den künstlerischen Gesamtplan des neuen Tierparks an der Hanglage der Isar mit seinen Nagelfluhfelsen und dem Auer Mühlbach erstellt hatte, um so eine besonders naturnahe Tierhaltung zu ermöglichen, wollte den aus Indien stammenden Elefanten ein entsprechendes Ambiente schaffen. Er konstruierte ein Elefantenhaus im byzantinischen Stil. Im Zentrum stand eine Art islamischer Moschee mit einer 18 Meter hohen Betonglaskuppel, eine der ersten freitragenden Betonkuppeln überhaupt, umgeben von frei stehenden ägyptischen Stelen und mit einer alles überragenden Zierspitze. Auch das Innere verströmte orientalisches Flair. Dazu kamen vier kreisrunde Pavillons an den Ecken, ebenfalls im orientalisch-barocken Stil gebaut, Ställe für Nashörner und Elefanten gleichermaßen. Das Neue: Das Elefantenhaus war beheizbar, ein sogenanntes »Warmhaus«, das anfänglich im Winter auch Giraffen und Nilpferde und allerlei farbenprächtige Papageienarten beherbergte. Der ockerfarbene Elefanten-Komplex ist umgeben von einem 3.500 Quadratmeter großen Trockengraben mit Baumgruppen, Badebecken und Außengehegen.

Von jeher üben Elefanten eine besondere Faszination auf die Besucher aus, generationenübergreifend. Wird im Zoo einer Großstadt ein junger Elefant geboren oder stirbt ein Tier, nimmt die Bevölkerung regen Anteil. Als 2012 die Leitkuh der Elefanten, Tina, mit 53 Jahren starb, beherrschte ihr Tod tagelang die Boulevardpresse – und damit auch ihr Zuhause, das Münchner Elefantenhaus.

Am Elefantenhaus Ende der 1920er Jahre

Adresse Tierparkstraße 30, 81543 München (Harlaching) | **Anfahrt** U3, Haltestelle Thalkirchen; Bus 52, Haltestelle Tierpark | **Und heute** Das Elefantenhaus hat bis heute an Faszination nichts eingebüßt.

27 Die Etagenwohnung

Der »Führer« wohnte am Prinzregentenplatz

Am 1. Oktober 1929 zog Adolf Hitler aus seiner spärlich möblierten Zweizimmerwohnung in der Thierschstraße 41 in das gutbürgerliche Jugendstilhaus Prinzregentenplatz 16. Im zweiten Stock hatte er, mit finanzieller Unterstützung der Partei, eine geräumige Neunzimmerwohnung auf knapp 400 Quadratmetern angemietet, inklusive einem Trakt für Personal. Die skeptischen Vermieter verlangten eine Jahresmiete von über 4.000 Mark im Voraus, ein wohlhabender Münchner übernahm die Bürgschaft. 1936 schließlich kaufte die NSDAP das ganze Haus, es zogen weitere NS-Funktionäre und Hitlers Leibwächter am Prinzregentenplatz ein. Die Wohnung Hitlers war bieder-rustikal eingerichtet, schweres Eichenparkett, hohe Räume. Den Stuck und die Symbole des Jugendstils ließ Hitler von den Wänden schlagen. Eine Wagner-Büste, ein Gemälde Friedrichs des Großen, Historien- und Landschaftsbilder, sämtliche Karl-May-Bände zierten die Räume und die Bibliothek. Hinter dem Haus wurde 1941 ein Privatbunker für Hitler gebaut. Bis zum Ende 1945 sollte der Prinzregentenplatz Hitlers Privatadresse in München bleiben, wenngleich der »Führer« ab 1939 nur noch selten vor Ort war.

Anfänglich lebte Hitler nicht allein am Prinzregentenplatz. Schon wenige Monate nach seinem Einzug folgte ihm seine Nichte Geli Raubal, die 19-jährige Tochter seiner Halbschwester, die ihren »Onkel Alf« anhimmelte und die Hitler zur Opernsängerin ausbilden lassen wollte. Schnell kam das Gerücht auf, die junge Geli sei die Geliebte ihres Onkels. Am 18. September 1931 erschoss sich das junge Mädchen in der gemeinsamen Wohnung, ohne Abschiedsbrief, mit Onkel Alfs Pistole, kurz nachdem dieser zu einer Wahlkampfreise aufgebrochen war. Hitler zeigte sich tief erschüttert, ließ in der Wohnung eine Büste von Geli anfertigen. An ihrem Todestag schloss er sich regelmäßig stundenlang im Zimmer seiner Nichte ein. Die Umstände des Todes von Geli Raubal wurden nie geklärt.

Hitlers Wohnung am Prinzregentenplatz 16, 2. Stock, 1930

Adresse Prinzregentenplatz 16, 81675 München (Bogenhausen) | Anfahrt U 4, Haltestelle Prinzregentenplatz | Und heute 1945 ging das Haus in den Besitz des Freistaates Bayern über. Heute befindet sich im Haus Prinzregentenplatz 16 die Polizeiinspektion 22 München-Bogenhausen, und Hitlers Bibliothek wird neu genutzt.

28 Der Färbergraben

Die erste »Süddeutsche Zeitung« wurde hier gedruckt

Inmitten der zerstörten Münchner Innenstadt wird am Vormittag des 6. Oktober 1945 Zeitungsgeschichte geschrieben. Genauer: im Luftschutzkeller des ausgebombten Verlagsgebäudes der Druckerei der Firma Knorr & Hirth am Färbergraben, in dem bis kurz vor Kriegsende die traditionsreichen »Münchner Neuesten Nachrichten« erschienen. In einer symbolträchtigen Handlung beginnt der amerikanische Kommandeur für Bayern, Colonel Bernhard B. McMahon, im Ofen des automatischen Gießwerkes den Originalsatz von Hitlers »Mein Kampf« einzuschmelzen. Aus dem flüssigen Blei wird anschließend die Druckplatte der ersten Ausgabe der »Süddeutschen Zeitung« gegossen. Wenig später verlassen die ersten Exemplare der SZ die Rotationsmaschinen. Die Nummer eins der SZ erscheint mit einer Auflage von 357.000 Exemplaren, kostet 20 Pfennig und versteht sich als Sprachrohr eines »neuen demokratischen Deutschlands«. Der Anspruch der amerikanischen Presseoffiziere ist hochgesteckt: Sie wollen aus der »Süddeutschen Zeitung« die »New York Times« Bayerns machen.

Einige Stunden zuvor hatten Colonel McMahon und seine Presseoffiziere im Rahmen einer Feierstunde im kleinen Sitzungssaal des Münchner Rathauses die erste Lizenz der US-Militärregierung für die Herausgabe einer Zeitung in Bayern vergeben, nach wochenlangen Verhandlungen und dem schwierigen Aufspüren geeigneter Lizenzträger. Die Lizenznehmer: August Schwingenstein, Edmund Goldschagg und Franz Josef Schöningh, zu denen später noch Werner Friedmann stieß.

Für die Lizenznehmer war diese Lizenz auch eine Art Gelddruckmaschine. Schnell merkten die Herausgeber, welche wirtschaftliche Potenz ihr Besitz innehatte. Nach Aufhebung der Lizenzpflicht verkaufte der bayerische Staat, der die Druckerei 1945 aus Nazibesitz übernommen hatte, den gesamten Verlagskomplex 1951 an die vier Lizenzträger.

Die Menschen rissen sich um die ersten freien Zeitungen.

Adresse Färbergraben 23, 80331 München (Altstadt) | Anfahrt U 3/6, Haltestelle Marienplatz | Und heute Nach dem Wegzug des Süddeutschen Verlages an den Stadtrand wurde das Gelände zwischen Sendlinger Straße und Färbergraben mit Luxuswohnungen und der Einkaufspassage »Hofstatt« neu bebaut.

29 Die Feldherrnhalle

Hier ließen sich die Nazis huldigen

Eigentlich war die zwischen 1841 und 1844 im Auftrag des bayerischen König Ludwigs I. von Friedrich von Gärtner errichtete Feldherrnhalle der bayerischen Armee und den Feldherren Tilly und Wrede gewidmet. Der sich an der offenen Architektur der florentinischen Loggia dei Lanzi orientierende Hallenbau war gedacht als Gegenpol zu dem am Ende der Ludwigstraße gelegenen Siegestor.

Für die Nationalsozialisten wurde die Feldherrnhalle zur kulthaften Symbolstätte ihrer Blut-und-Boden-Ideologie. Am 9. November 1933 enthüllte Hitler an der Ostseite zur Residenzstraße hin das »Mahnmal für die 16 Gefallenen« des niedergeschlagenen Putsches von 1923. Eine sogenannte Ehrenwache, ein Doppelposten der SS, hielt jetzt die »ewige Wache«, eine Tafel erinnerte an die zu Tode gekommenen Putschteilnehmer, die sogenannten »Blutzeugen«. Alle Passanten, die an dem Mahnmal vorbeikamen, waren verpflichtet, den Hitlergruß zu entrichten. Viele Münchner, die diesem Ritual entgehen wollten, wichen über die kleine Viscardigasse in die Theatinerstraße aus, weshalb das Sträßlein auch »Drückebergergasse« genannt wurde.

Alljährlich inszenierten die Nationalsozialisten am 9. November ihre aufwendigen Gedenkmärsche zur Feldherrnhalle, die von Hitler und der Nazi-Prominenz angeführt wurden. Sie taten dies im Gedenken an den »Marsch auf die Feldherrnhalle« von 1923, als unter Führung Hitlers und General Erich Ludendorffs rund 2.000 Putschisten vom Bürgerbräukeller durch die Innenstadt zur Ludwigstraße zogen, um im von der SA besetzten Wehrkreiskommando die politische und militärische Macht über Bayern auszurufen. Doch vor der Feldherrnhalle versperrte die bayerische Landespolizei den Weg der Putschisten. Es kam zu einer Schießerei mit zahlreichen Toten. Der Putsch war gescheitert, die NSDAP wurde verboten, aber schon 1925 wieder zugelassen. Und damit begann der Marsch in Richtung Angriffskrieg und Völkermord.

»Hitlergruß« am »Mahnmal für die 16 Gefallenen des 9. November 1923«

Adresse Residenzstraße 1, 80333 München (Altstadt) | **Anfahrt** U 3/4/5/6, Haltestelle Odeonsplatz; Bus 100 (Museumslinie), Haltestelle Odeonsplatz | **Und heute** Die US-Armee ließ das NS-Denkmal am 3. Mai 1945 entfernen. Eine Gedenktafel an der Residenz erinnert an die vier erschossenen Polizisten.

30 Der Fischbrunnen

Der Metzgersprung vorm Rathaus

Im Land tobt der Dreißigjährige Krieg. Not, Entbehrungen, Tausende Tote. Die Versorgung der Städte wird immer schwieriger, viele Menschen leben von der Hand in den Mund. Und dann bricht sie wieder aus, die Pest, wie schon in der Vergangenheit, wie 1349, 1482 und 1548 und während der vielen weiteren Pestepidemien. Mitten in München wütet die verheerende Seuche so schwer wie keine vor ihr. Kaum eine Familie bleibt verschont, die Bewohner ganzer Häuserzeilen werden dahingerafft. In gut einem Jahr sterben 15.000 Menschen, ein Viertel der Bevölkerung. Die Einwohner resignieren, trauen sich nicht mehr aus den Häusern, meiden möglichst jeden Kontakt mit anderen. Das öffentliche Leben kommt zum Erliegen. München gleicht 1634 einer Geisterstadt.

Da raffen sich im Februar 1635 die Zünfte der Schäffler, der Fassmacher, auf. Und mit ihnen die Metzger. Sie wollen ein Zeichen setzen, dem Schwarzen Tod trotzen. Sie sammeln sich am heutigen Viktualienmarkt und beginnen, mit Schalmeien musizierend und tanzend, durch die verwaisten Gassen zu ziehen. Sie wollen Mut und Lebensfreude vermitteln, die verängstigten Menschen aus ihren Häusern locken. Und als sich die Metzgersleute auf dem Marktplatz vor dem Alten Rathaus, dem heutigen Marienplatz, kurzerhand in den Fischbrunnen stürzen, ein Bad nehmen, sich reinigen und sich mit dem als verschmutzt geltenden Wasser begießen, sind die Münchner begeistert. Dazu tanzen die Schäffler unter den grün belaubten Reifen ihren Rundtanz.

Seit 1760 gibt es den Schäfflertanz gegen die Pest und für die Lebensfreude regelmäßig alle sieben Jahre zur Faschingszeit. Und die Fleischhackergesellen dürfen zum Lohn für ihren Mut in finsterer Zeit auch in späteren Jahren ihren Metzgersprung vollführen. Noch heute gibt es den historischen Metzgersprung als Gemeinschaftsbad im Fischbrunnen – zur Gesellentaufe. Alle drei Jahre, mit großem Umzug. Allerdings nicht mehr zur Faschingszeit, sondern im September.

Metzgersprung am Fischbrunnen um 1830

Adresse Marienplatz, 80331 München (Altstadt) | Anfahrt U 3/6, Haltestelle Marienplatz | Und heute Am Aschermittwoch tritt der Münchner Oberbürgermeister mit seinem Stadtkämmerer zum traditionellen Geldbeutelwaschen im Fischbrunnen an, einem bis ins 15. Jahrhundert zurückreichenden Ritual, auf dass das leere Stadtsäckel sich mit Geld fülle.

31 Der Freiheitssender

»Radio Freies Europa« und der Kalte Krieg

Lange war München eine mediale Speerspitze des Kalten Krieges. Irgendwie hatten sich die Menschen daran gewöhnt, dass am Rande des Englischen Gartens aus dem von einer Mauer umgebenen, gut bewachten Gebäude mit den mächtigen Antennen rund um die Uhr Hörfunkprogramme in zahlreichen mittelosteuropäischen Sprachen produziert und über Kurzwelle in diese Länder gesendet wurden. 1949 von prominenten Amerikanern wie dem damaligen Militärgouverneur der amerikanischen Zone, General Lucius D. Clay, unter dem Namen »Kreuzzug für die Freiheit« gegründet, sollte von München aus propagandistisch dem »Vordringen des Weltkommunismus« Einhalt geboten werden.

Für die Sowjets und ihre Verbündeten war die seit 1950 sendende Radiostation immer eine feindliche Propagandaeinrichtung und ein steter Dorn im Auge. Schließlich zog auch noch der in russischer Sprache sendende Schwestersender »Radio Liberty« zur »Befreiung der Völker Russlands« unter das Dach von »Radio Freies Europa«. Die Sender fungierten wie ein Staat im Staate, mit Sendelizenzen auf der Basis des Besatzungsrechts ausgestattet, bis in die 1990er Jahre hinein, anfänglich finanziert durch die CIA, später vom amerikanischen Kongress. Immer wieder geriet »Radio Freies Europa« in die Schlagzeilen, vor allem während der Ungarnkrise 1956, als es der Opposition suggerierte, ein Umsturz in Budapest stehe unmittelbar bevor.

Die Münchner wurden auf den hermetisch abgeschirmten Sender am Rande des Englischen Gartens immer dann aufmerksam, wenn es Zwischenfälle gab. 1981 wurde auf das Gebäude ein Sprengstoffanschlag verübt, bei dem es acht Verletzte gab, vermutlich vom damaligen rumänischen Geheimdienst Securitate. Nach der Auflösung der Sowjetunion und der Beendigung des Kalten Krieges wurde die Sendezentrale nach Prag verlegt, wo der Sender heute vor allem in den Nahen Osten und nach Zentralasien funkt.

»Radio Freies Europa« am Rande des Englischen Gartens

Adresse Oettingenstraße 67, 80538 München | **Anfahrt** Tram 18, Haltestelle Tivolistraße | **Und heute** In dem Gebäude sind Institute der LMU untergebracht, unter anderem das Geschwister-Scholl-Institut für Politische Wissenschaften.

32 Der Friedensengel

Jubel über 25 Jahre ohne Krieg

Von einer Friedensphase, wie sie die Deutschen seit 1945 erleben, konnten die Menschen in den zurückliegenden Jahrhunderten nur träumen. Da erschienen zweieinhalb Jahrzehnte ohne blutige Auseinandersetzungen mit den Nachbarn wie eine Ewigkeit. Krieg war in Europa gängiges Mittel der politischen Auseinandersetzung. Grund genug, um nach dem verheerenden Krieg zwischen Deutschen und Franzosen 1870/71, auf den nach Gründung des Deutschen Reiches nie zuvor erlebte vier Jahrzehnte des Friedens folgen sollten, nicht nur Siegessäulen und Triumphbögen zu bauen, sondern auch den Frieden zu bejubeln. In München wurde anlässlich der 25-jährigen Wiederkehr des Friedensschlusses von Versailles 1871 der »Friedensengel« in Auftrag gegeben.

Am östlichen Ende der prachtvollen Prinzregentenstraße, integriert in die Maximiliansanlagen, wurde nach dreijähriger Bauzeit am 10. Juli 1899 das an der Isarkante hinter der Luitpoldbrücke weithin sichtbare Denkmal des Friedensengels feierlich enthüllt. Auf einer beidseitig durch Treppen zu begehenden Aussichtsterrasse, vor der ein Delphinbrunnen sprudelt, der von zwei laubenhaften Parkanlagen eingerahmt ist, steht auf einem von Karyatiden getragenen Sockel eine 23 Meter hohe Säule im korinthischen Stil, auf der der sechs Meter hohe, golden strahlende Friedensengel steht. Anders als die Berliner Siegessäule wollte Prinzregent Luitpold das Münchner Monument ausdrücklich als Symbol des Friedens verstanden wissen. Die Pläne zu dem sich an antiken Vorbildern orientierenden Monument mit der Göttin Nike, dem Palmzweig und der Statue der Pallas Athene aus vergoldetem Bronzeguss stammten von den Künstlern Heinrich Düll, Georg Pezold und Max Heilmeier. Unterhalb der Säule befindet sich eine kleine begehbare Halle, in der auf Goldmosaiken symbolisch die Begriffe Krieg, Sieg, Friede und Segen der Kultur dargestellt sind sowie Porträts verschiedener Generäle und Politiker wie das des Reichsgründers Otto von Bismarck.

Der Friedensengel nach seiner feierlichen Enthüllung

Adresse Prinzregentenstraße (Europaplatz 1), 80538 München (Bogenhausen) | Anfahrt U 4, Haltestelle Prinzregentenplatz; U 4/5, Haltestelle Max-Weber-Platz; Tram 16, Haltestelle Friedensengel/Villa Stuck | Und heute Nachdem 1981 der Absturz des Friedensengels drohte, wurde er abgebaut und grundlegend restauriert. Das viel umfahrene, insgesamt 38 Meter hohe Monument verbindet die Altstadt mit den östlichen Stadtteilen Münchens.

33 Der »Führerbau«

Das »Münchner Abkommen« und seine Folgen

Eine der nobelsten Adressen Münchens stand bis 1933 auf dem Grundstück des vom Hitler-Architekten Paul Ludwig Troost geplanten »Führerbaus« in der Arcisstraße: das Palais Pringsheim des vor den Nazis geflohenen jüdischen Mathematikers Alfred Pringsheim. Das Gebäude wurde »arisiert« und abgerissen. Der 1937 fertiggestellte und anlässlich eines Staatsbesuchs des italienischen Diktators Benito Mussolini eingeweihte Nachfolgebau, sollte nur ein Jahr später unrühmliche deutsche Geschichte schreiben.

29. September 1938. Nach massiven Kriegsdrohungen und der sich zuspitzenden »Sudentenkrise« seitens des Deutschen Reiches gelang es Hitler unter Vermittlung des italienischen Diktators Mussolini, den britischen Premierminister Neville Chamberlain und den französischen Ministerpräsidenten Édouard Daladier zu einer Konferenz nach München zu bewegen. England und Frankreich waren Schutzmächte der nach dem Ersten Weltkrieg in dieser Form entstandenen Tschechoslowakei.

Nach achtstündigen Verhandlungen stand kurz nach Mitternacht das Ergebnis der »Münchner Konferenz« fest: Das mehrheitlich deutschsprachige Sudetenland wurde von der Tschechoslowakei abgetrennt und an das Deutsche Reich abgetreten. Erst jetzt wurde ein Vertreter der Tschechoslowakei hinzugezogen, um den unterschriebenen Vertrag und damit vollendete Tatsachen entgegenzunehmen.

Am 1. Oktober 1938 marschierten die ersten deutschen Truppen im Sudetenland ein. Staatspräsident Edvard Beneš trat zurück und ging ins Exil. Während Chamberlain und Daladier das von ihnen im Arbeitszimmer Hitlers unterzeichnete »Münchner Abkommen« als friedenspolitischen Akt der Vernunft zur Beruhigung des aggressiven Deutschland feierten, arbeitete Hitler weiter an seinen Kriegsplänen. Am 16. März 1939 annektierte Deutschland die »Rest-Tschechei«, die zum »Reichsprotektorat Böhmen und Mähren« wurde.

Hitler und seine Entourage in einer Verhandlungspause

Adresse Arcisstraße 12, 80333 München (Maxvorstadt) | Anfahrt U 2, Haltestelle Königsplatz; Tram 27, Haltestelle Karolinenplatz | Und heute Im ehemaligen »Führerbau« befindet sich heute die Hochschule für Musik und Theater. Das Pendant zum sogenannten »Führerbau« war auf der anderen Seite der Brienner Straße der Verwaltungsbau der NSDAP, heute das Haus der Kulturinstitute.

34 Der Galgenberg

Hinrichtungstourismus unter schattigen Kastanien

Zwei Hinrichtungsplätze gab es ab dem 15. Jahrhundert vor den Toren der Stadt München. Da war einmal das Hochgericht mit dem Galgenberg, das sich seit 1460 an der Landsberger Straße nach Pasing befand. Der Galgenberg war der kleine Hügel, auf dem die Delinquenten gehängt wurden. Nicht selten ließ man die Toten zur Abschreckung über Wochen weithin sichtbar baumeln. 1808 wurde der Galgen abgebrochen, das Gelände als Bauland ausgewiesen. Auf dem Todesacker entstand, unweit der Hackerbrücke, die mächtige »Bierfestung« der Hacker-Pschorr-Brauerei.

Populärer und immer wieder eine Attraktion für Schaulustige war die 1778 an den Burgfrieden und an das spätere Marsfeld verlegte »Köpfstätte« an der Arnulfstraße. Hartnäckig hält sich bis heute das Gerücht, dass sich die Hinrichtungsstätte im Biergarten des Augustiner-Kellers befunden haben soll. Genauer: Der Galgen soll auf der kleinen Anhöhe des Gartens gestanden haben, die heute von Biertischen unter schattigen Kastanien umstellt ist. In Wirklichkeit aber befand sich die Hinrichtungsstätte dem Biergarten gegenüber auf der anderen Straßenseite.

Dort kam es am 12. Mai 1854 auch zur letzten öffentlichen Enthauptung mit dem Schwert. Ein Grund: Dem Scharfrichter gelang es erst mit dem siebten Schlag, das Haupt vom Rumpf des Delinquenten zu trennen. Öffentliche Hinrichtungen gerieten immer stärker in die Kritik, galten als nicht mehr zeitgemäß. Angewidert notierte der Stadtchronist anlässlich einer Exekution zweier Verurteilter am 18. April 1857: »Man sollte glauben, bey den leider sich so oft wiederholenden Hinrichtungen würde sich die Neugierde vermindern, aber nichts desto weniger finden sich immer, obgleich zu diesen Exekutionen nur die früheste Morgenstunde bestimmt wurde, jedesmal mehrere tausend Menschen beiderley Geschlechts ein.« Die letzte öffentliche Hinrichtung gegenüber dem Augustiner gab es am 9. November 1861, wiederum vor Hunderten von Schaulustigen.

Die Hinrichtung des Georg Treiber 1852

Adresse Arnulfstraße 52 (gegenüber Augustiner-Keller), 80335 München (Ludwigsvorstadt); Bayerstraße 34, 80335 München (Maxvorstadt) | **Anfahrt** U 1/2/4/5, Haltestelle Hauptbahnhof; S 1–8, Haltestelle Hauptbahnhof oder Hackerbrücke; Tram 16/17, Haltestelle Hopfenstraße | **Und heute** Auf dem Gelände der alten Hinrichtungsstätte gegenüber dem Biergarten vom Augustiner steht heute das Gebäude der Bundesbahndirektion, auf dem ehemaligen Galgenberg das Europäische Patentamt.

35 Das Gartenhaus

Hier verfassten die Geschwister Scholl ihre Flugblätter

Sophie Scholl ist gerade 21 Jahre alt, ihr Bruder Hans 24. Beide entstammen einem liberalen Elternhaus, studieren in München. Mit Freunden haben sie sich im Sommer 1942 zur »Weißen Rose« zusammengeschlossen, einer Widerstandsgruppe gegen den Naziterror. Sie wollen vor allem ihre Kommilitonen wachrütteln, fordern sie auf, es ihnen gleichzutun. Sie wissen um die Lebensgefahr, in der sie sich mit jeder Aktion, mit jedem neuen Flugblatt befinden. Seit Wochen treffen sich die Freunde im Rückgebäude der Franz-Joseph-Straße 13, dem Gartenhaus.

Gerade hat die Schlacht um Stalingrad Hunderttausende Deutsche und Russen das Leben gekostet. Die Gruppe diskutiert und ist sich einig, jetzt erst recht Widerstand zu leisten. Hier in Schwabing verfassen sie ihre Flugblätter. Auch das neuste Flugblatt »Kommilitonen! Kommilitoninnen!« entsteht hier, noch in der Euphorie über die Wirkung einer Aktion von Hans Scholl, Willi Graf und Alexander Schmorell wenige Tage zuvor. In der Ludwigstraße hatten die drei nachts an die Wände der Uni den Schriftzug »Nieder mit Hitler« gepinselt, mit schwarzer Teerfarbe, über den Eingang zur Universität das Wort »Freiheit«. Eine Sondereinheit der Gestapo war alarmiert.

Am 18. Februar 1943 verlassen die Geschwister Scholl das Gartenhaus mit einem Koffer voller Flugblätter. Wenig später eilt ein Freund in die Franz-Joseph-Straße 13. Er will Hans und Sophie warnen, trifft sie aber nicht mehr an. Die Geschwister sind schon in der Uni, legen ihre Flugblätter vor die noch geschlossenen Hörsäle und entschließen sich, die restlichen Flugblätter über die Brüstung des obersten Ranges in den Lichthof zu werfen. Da erwischt sie der Hausmeister, ein SA-Mann, und alarmiert die Gestapo. Am 22. Februar 1943 werden die Geschwister Scholl in Stadelheim durch die Guillotine enthauptet, wenige Tage später dann die übrigen Mitglieder der »Weißen Rose«.

Die Geschwister Scholl

Adresse Franz-Joseph-Straße 13, 80801 München (Schwabing) | **Anfahrt** U 3/6, Haltestelle Giselastraße | **Und heute** An der Hausfassade der Franz-Joseph-Straße 13 weist eine Tafel auf das Rückgebäude hin, in dem Sophie und Hans Scholl bis zu ihrer Hinrichtung wohnten.

36_Das Gebärhaus

Das Klinikum für werdende Mütter

Dass in dieser heute fulminanten Eventlocation in der Sonnenstraße einst Münchens Kinder zur Welt kamen, wissen die wenigsten. Eher ist den meisten noch das alte Postscheckamt der Stadt in Erinnerung, wenn sie, seitlich des Verkehrsstroms, vor der riesigen Backsteinfassade stehen, die eher wirkt wie eine Architekturkulisse.

Dabei hat dieses mächtige Gebäude inmitten ansonsten überwiegend uniform aufgebauter Nachkriegsarchitektur eine wechselvolle Geschichte. Ursprünglich gehörte das Grundstück dem Kloster der Elisabethinerinnen, wurde aber 1812 vom bayerischen Staat übernommen. Als landärztliche Schule geplant, gebaut und genutzt, zog hier 1832 die städtische Gebäranstalt ein. Die Bevölkerung wuchs, die Räumlichkeiten wurden zu eng. Der königliche Baumeister Friedrich Bürklein (1813–1872) erhielt den Auftrag zum Entwurf eines Neubaus.

Von 1853 bis 1856 entstand die Frauengebäranstalt im neugotischen »Maximilianstil«, mit dem sich der Architekt auch in der Maximilianstraße und dem Maximilianeum verewigen sollte. Das städtische Gebärhaus wurde 1884 Teil der Frauenklinik der Universität – Gynäkologie und Geburtshilfe wurden eine Einheit. Zur geburtshilflichen Klinik kam nun noch die staatliche Hebammenschule. 1916 siedelte die Gebäranstalt schließlich um in die Frauenklinik in der Maistraße. Einige Gründe: der ständig steigende Verkehrslärm der immer stärker frequentierten Sonnenstraße, eine stetig steigende Patientenzahl und mangelnde Hygieneverhältnisse. Das alte Gebärhaus wurde während des Ersten Weltkriegs zum Lazarett umfunktioniert, bevor es 1920 in den Besitz der damaligen Reichspost überging und nach weiteren Um- und Anbaumaßnahmen durch den Architekten Robert Vorhoelzer (1884–1954) ab 1929 für Jahrzehnte zum Postscheckamt wurde. Heute ist das Gebäude mit seinem sechs Meter hohen zentralen Foyer eine denkmalgeschützte Lokalität.

Das Gebärhaus an der Sonnenstraße 1856

Adresse Sonnenstraße 26, 80331 München (Altstadt) | **Anfahrt** U 1/2/3/6, Tram 16/17/18/27/28, Haltestelle Sendlinger Tor; U 4/5, Haltestelle Karlsplatz (Stachus) | **Und heute** Hier befinden sich seit 2009 die Café-Bar »Isar-Post« und die Eventlocation »8 Seasons«. In einem Teil des Gebäudes gibt es eine moderne Privatklinik.

37 Die Geschäftsstelle

Wo der »Judenclub« zu Hause war

Es gab für den FC Bayern ein Leben vor der Säbener Straße, dieser einstigen Bezirkssportanlage, in die der Schwabinger Fußballclub 1949 umzog. 1900 wurde der FC Bayern als Faschingsverein in der Kneipe »Gisela« gegründet. Immer war er der Lieblingsverein der Schwabinger Boheme, immer zählten jüdische Mitbürger zu seinen Anhängern und Förderern. Vor allem war der FC Bayern, der sich anfänglich nur aus Spenden finanzierte, auch ein Studentenverein. Man war weltoffen, modern und hoch ambitioniert. Trainiert wurde in der Ungererstraße, Spielstätten des FC Bayern lagen an der Clemensstraße, der Karl-Theodor-Straße, auf der Theresienwiese und ab 1925 im Stadion an der Grünwalder Straße. Und irgendwie gehörte der FC Bayern, der jahrelang heimatlos war und immer wieder umziehen musste, auch in die Münchner Innenstadt. Bis 1919 residierte die Geschäftsstelle des Clubs im Hotel Vier Jahreszeiten, danach in der Kaufingerstraße 26, den Räumlichkeiten des Geschäftsmannes Kurt Landauer, des Präsidenten des FC Bayern. In diesen Jahren kamen die sportlichen Erfolge. Im Januar 1932 zog man in die Weinstraße 14, in fünf neue repräsentative Räume gleich hinter dem Rathaus. Und am 12. Juni 1932 kam es dann zum sportlichen Höhepunkt: dem Gewinn der ersten deutschen Meisterschaft durch ein 2:0 gegen Eintracht Frankfurt vor 55.000 Zuschauern im Nürnberger Stadion. Für Spieler und Vorstand des »Judenclubs«, so wie ihn die aufkommenden Nazis diffamierten, ein Triumph.

Der verhasste »Judenclub« sollte der FC Bayern auch nach der Machtergreifung durch die Nazis 1933 bleiben. Mit massiven Drohungen und brutalen Verfolgungen. Kurt Landauer, Präsident und Sohn einer jüdischen Kaufmannsfamilie, der den FC Bayern groß gemacht hatte, musste sein Amt niederlegen. 1939 emigrierte er in die Schweiz. Ebenso Meistertrainer Richard Dombi, ein Österreicher jüdischer Herkunft, und weitere jüdische Vorstandsmitglieder. Die Geschäftsstelle der »Roten« wurde am 13. Juli 1944 aufgelöst.

Die Geschäftsstelle in der Weinstraße 1932

Adresse Weinstraße (am Marienhof), 80333 München (Altstadt) | **Anfahrt** U 3/6, Haltestelle Marienplatz | **Und heute** Die Gebäude in der Weinstraße zum Marienhof hin wurden im Krieg zerstört und sollen mittelfristig wiederaufgebaut werden.

38 Der Glaspalast

Die Feuersbrunst nach der großen Ausstellung

Es ist der 6. Juni 1931, 3.30 Uhr nachts. Plötzlich Feueralarm in der ganzen Stadt. Der Glaspalast am Botanischen Garten steht in Flammen. Die Feuersäule ist in der ganzen Stadt zu sehen, rot glühende Funken stieben in den Nachthimmel. Löschzüge rasen herbei, versuchen zu retten, was zu retten ist. Vergebens. Mit der Morgendämmerung wird das ganze Ausmaß der verheerenden Feuersbrunst sichtbar. Der mächtige Glaspalast, mit 237 Metern Länge und 25 Metern Höhe eines der stolzesten und repräsentativsten Bauwerke Münchens, ist vollkommen zerstört, ausgebrannt. Rauchende Trümmer, geschmolzenes Glas, verbogene Eisenträger, bizarre Gerippe verkohlter Säulen. Und: Rund 3.000 Kunstwerke, Bilder und Skulpturen, wurden vernichtet. Auch die 110 Gemälde der gerade eröffneten großen Ausstellung deutscher Romantiker. Unersetzliche Werke von Caspar David Friedrich, Otto Runge und Carl Rottmann. Die Brandursache konnte nie geklärt werden. Experten gingen von einer Selbstentzündung durch Putzmaterialien aus, aber auch Brandstiftung wurde nicht ausgeschlossen.

Der Glaspalast wurde auf Betreiben Maximilian II. anlässlich der Ersten Allgemeinen Deutschen Industrieausstellung 1854 auf dem Gelände des Alten Botanischen Gartens gebaut. In den Folgejahren wurde er Ort regelmäßiger großer Kunstausstellungen und Industrieshows und zum Zentrum des gesellschaftlichen Lebens in München. Architekt August von Voit hatte das Gebäude aus Hunderten vorgeformter Gusseisenträger und rund 37.000 Glasscheiben innerhalb weniger Monate errichtet. Vorbild für die modernistische Glas-Eisen-Konstruktion war der Crystal Palace in London, der fünf Jahre nach der Münchner Brandkatastrophe ebenfalls in Flammen aufging und völlig ausbrannte. Eigentlich sollte es einen Nachfolgebau am Botanischen Garten geben. Aber nach der Machtübernahme der Nazis 1933 entschied Adolf Hitler, einen neuen Ausstellungsbau am Englischen Garten zu errichten, das »Haus der Deutschen Kunst«.

Der Münchner Glaspalast

Adresse Alter Botanischer Garten, Sophienstraße und Elisenstraße, 80333 München (Maxvorstadt) | **Anfahrt** U 4/5, Haltestelle Karlsplatz (Stachus) | **Und heute** Man sollte sich den sogenannten Glaspalastbrunnen am Weißenburger Platz in Haidhausen ansehen, der einst im Glaspalast stand und das einzig noch erhaltene Stück des Gebäudes ist.

39 Das Grab der Lena Christ

Eine letzte Fahrt zum Waldfriedhof

Es ist der 30. Juni 1920, ein warmer Sommertag. Die 38-jährige Schriftstellerin Lena Christ besteigt die Trambahn. Ihr Ziel: der Münchner Waldfriedhof. Am Friedhofseingang trifft sie ihren Mann, der ihr eine Dosis Zyankali überreicht und ihr damit einen letzten Wunsch erfüllt. Denn seine Frau hat den festen Willen, sich das Leben zu nehmen. Er kann sie nicht aufhalten. Lena Christ umarmt ihren Mann, geht in die Gräberreihe unter den dichten Bäumen, legt sich auf ein Grab, nimmt das Gift und stirbt. Die letzte Flucht der Schriftstellerin aus einem Leben voller Leid und Pein, das sie nur ertragen konnte, indem sie es immer wieder literarisch verarbeitet hatte. Wie in den 1912 erschienenen »Erinnerungen einer Überflüssigen«, einem Sittengemälde einer Jugend voller Gewalt und Schrecken.

Eigentlich war die am 30. Oktober 1881 in Glonn unehelich geborene Lena Christ ein lebensbejahender Mensch. Nach glücklichen Kindheitsjahren bei den Großeltern holte sie ihre Mutter in die Gastwirtschaft nach München, die sie gemeinsam mit ihrem neuen Mann betrieb. Mit der Geburt des ersten ehelichen Kindes der Mutter begann Lenas Martyrium. Misshandlungen, Prügel, Zucht durch die Mutter, Schwerstarbeit unter der Knute des Stiefvaters, Selbstmordversuche, Flucht in ein Kloster, Rückkehr ins Elternhaus. 20-jährig flüchtete sich die junge Lena in eine verhängnisvolle Ehe mit einem Alkoholiker. Permanente sexuelle Nötigungen, Fehlgeburten, drei Kinder, der wirtschaftliche Ruin. Die Mutter, die gegen diese Ehe war, triumphierte. Lena Christ verließ mit den Kindern ihren Mann und lernte den Schriftsteller Peter Bendix kennen, den sie heiratete. Er entdeckte ihr Schreibtalent und förderte seine junge, traumatisierte Frau. Doch ihr Mann musste in den Krieg, Lena wurde schwer krank, geriet in finanzielle Nöte. Um zu Geld zu kommen, signierte sie Ölgemälde mit den Unterschriften berühmter Maler. Die anstehende Gerichtsverhandlung glaubte sie nicht durchstehen zu können und nahm die Tram zum Waldfriedhof.

Lena Christ um 1911

Adresse Fürstenrieder Straße 288, 81377 München (Hadern) | **Anfahrt** U 6, Haltestelle Holzapfelkreuth | **Und heute** Lena Christ liegt in Grab Nr. 44-3-14. In München erinnern Tafeln in der Sandstraße 45 und der Linprunstraße 35 an Häuser, in denen sie gewohnt hat.

40 Das Heiliggeistspital

Fürsorge und Krankenpflege am Viktualienmarkt

Über sechs Jahrhunderte dominierte das 1208 von Herzog Ludwig I. gestiftete Heiliggeistspital den größten Teil des heutigen Viktualienmarktes, gegründet zur Aufnahme Kranker, Gebrechlicher und armer Bürger, unter dem Schutz der Kirche, geführt von der Bruderschaft vom Heiligen Geist. Immer mehr Gebäude entstanden rund um die Spitalkirche: eine Brauerei, das Pfisterhaus, Pferdeställe, eine Schlachtbank, Wirtschaftsgebäude. Es gab das Weiber- und das Männerhaus. Ein »Narrenhaus« für Geisteskranke kam hinzu, ab 1450 wurden Waisen und Findelkinder aufgenommen, 1589 eine Gebärstube für unverheiratete Frauen und schließlich mit den Pfründnerhäusern die ersten Altenheime eingerichtet. 1330 ging das Spital in den Besitz der Stadt München über. Die bayerischen Herzöge verliehen der sozialen Einrichtung »Steuerbefreiung auf ewig«. Wohlhabende und der Landadel, nicht zuletzt als Ablass zur »Jenseitsvorsorge«, ließen dem Spital hohe Spenden zukommen, vermachten ihm vielfach Haus und Hof. Die sogenannte Wadler-Spende des gleichnamigen Ehepaares, das im Spital verstorben war, besagte, dass jeweils zum 1. Mai ein reitender Knecht in der ganzen Stadt Brezen an Arme zu verteilen hatte und den Insassen des Spitals eine Fleischmahlzeit zustand. Das wurde so über vier Jahrhunderte bis zur beginnenden Säkularisation 1801 praktiziert. Um das Jahr 1500 besaß das Spital rund 100 Bauernhöfe rund um München, so auch den Forst Kasten im Forstenrieder Park.

Aufklärung und Säkularisation brachten einschneidende Veränderungen. 1818 wurde der Viktualienmarkt auf königlichen Beschluss hin vom Marktplatz, dem heutigen Marienplatz, in den Hof des Heiliggeistspitals verlegt. Zwei Jahrzehnte musste sich das Spital mit dem Markttreiben arrangieren. Nach und nach wurden die Abteilungen auf neue Häuser der Stadt verteilt. Dann begann der Abriss der Spitalgebäude, dieser Stadt in der Stadt, der 1884 mit dem Fall des mächtigen Weiberhauses seinen Abschluss fand. Nur die Heilig-Geist-Kirche blieb stehen und wurde im neubarocken Stil prachtvoll erweitert.

Das Heiliggeistspital am Viktualienmarkt um 1824

Adresse Tal und Viktualienmarkt, 80331 München (Altstadt) | **Anfahrt** U3/6, Haltestelle Marienplatz | **Und heute** Die Kirche Heilig Geist und eine Erinnerungstafel sind Zeugen des früheren Heiliggeistspitals, dessen Altenheim 1823 in das zuvor säkularisierte Elisabethinerinnen-Kloster in der Mathildenstraße und Anfang des 20. Jahrhunderts in einen Neubau am Dom-Pedro-Platz verlegt wurde.

41 Das Heizkraftwerk

Von der Stromerzeugung zur Luxusherberge

Das Heizkraftwerk Müllerstraße wurde ab 1954 in zwei Bauabschnitten durch den auf Kraftwerke und Industrieanlagen spezialisierten Architekten Werner Issel (1884–1974) als eines seiner letzten Großprojekte gebaut. Die Stadt setzte ganz auf Fernwärme. Anfänglich wurden die vier großen Kessel mit Kohle, später mit Erdgas befeuert und erzeugten täglich bis zu 300 Tonnen Heizdampf zur Stromgewinnung. 1971 kam ein fünfter Kessel hinzu. Das Heizkraftwerk Müllerstraße war Münchens bedeutendster Stromversorger und galt im Kraftwerksbau als Musterbetrieb. Doch nach und nach legten die Stadtwerke die Anlage still, 2001 wurde der letzte Strom geliefert. Die erforderlichen Kapazitäten reichten nicht mehr aus, die gestiegenen Anforderungen zur Luftreinhaltung in Innenstadtlage konnten nicht mehr eingehalten werden. Ein Komplettumbau wäre viel zu teuer gewesen. Und zwischenzeitlich waren die neuen großen Heizkraftwerke Nord (Unterföhring) und Süd (Sendling) entstanden, die über Verbundleitungen die ganze Stadt mit Strom versorgten.

Dann begann die Diskussion: Abriss ja oder nein? Schließlich setzte sich der Erhalt des 56 Meter hohen Gebäudes mit seinen fünf markanten, aus dem Dach herausragenden Schornsteinen als Reminiszenz an die einstige Funktion und als festes optisches Charakteristikum des Stadtbildes durch. 2011 erfuhr das Heizkraftwerk Müllerstraße eine Umwandlung der ganz besonderen Art. Es wurde zum Büro- und Wohnhaus. Aber nicht zu irgendeinem, sondern zu dem mit den teuersten Wohnungen der Stadt, eine Luxusherberge, die selbst im verwöhnten München Maßstäbe setzte. In dem durch die Berliner Architekten Léon Wohlhage Wernik umgestalteten gläsernen Wohnturm, dem einstigen Maschinenturm des Kraftwerks, der nun das Wahrzeichen dieses innerstädtischen Komplexes ist, gibt es eine 700 Quadratmeter große Penthousewohnung über zwei Etagen, die für 14 Millionen Euro verkauft wurde und damit Münchens teuerste Herberge sein dürfte.

Das alte Heizkraftwerk an der Müllerstraße

Adresse Müllerstraße 7, 80469 München (Isarvorstadt) | **Anfahrt** U 2, Haltestelle Fraunhoferstraße; U 3/6, Haltestelle Sendlinger Tor | **Und heute** Das gesamte Ensemble rund um das Heizkraftwerk Müllerstraße wurde städtebaulich neu gestaltet.

42 Das Herzog-Max-Palais

Wo Österreichs Kaiserin Sissi geboren wurde

Heiligabend 1837. Im pompösen Herzog-Max-Palais in der Ludwigstraße gibt es eine Bescherung der besonderen Art. Elisabeth Amalie Eugenie, Herzogin in Bayern, wird in den prunkvollen Schlafgemächern des ersten Stocks geboren. Sie kommt als viertes Kind der Prinzessin Ludovika, einer Tochter des bayerischen Königs Maximilian I., und ihres Mannes Herzog Max zur Welt. Bereits mit 16 Jahren soll »Sissi«, wie sie gerufen wird, zu Ruhm gelangen. Da nämlich, 1854, heiratet sie den 23-jährigen österreichischen Kaiser Franz Joseph I. und steigt zur Kaiserin von Österreich-Ungarn auf. Wann immer in den nächsten Jahren die frisch gekrönte Wittelsbacherin vor ihrem Elternhaus in der Ludwigstraße 13 vorfährt, manchmal auch am Arm von Kaiser Franz Joseph, jubeln die Münchner ihrer hübschen Sissi zu.

Die Kehrseite dieser Ehe: das streng ritualisierte Leben am Wiener Hof, die strenge Etikette, zu wenige Freuden. Die ursprünglich lebensfrohe, liberal erzogene Sissi versucht immer häufiger, diesen Zwängen zu entgehen. Schließlich zerbricht sie innerlich an ihrer Rolle. Die Kindheit und Jugend im Herzog-Max-Palais, wo sie mit ihren Geschwistern aufwuchs, und die stets unbeschwerten Sommermonate im Schloss Possenhofen am Starnberger See, wo sie die Natur lieben und die persönliche Freiheit schätzen lernte, sollten ihr ganzes Leben prägen.

Garant für dieses Leben war ihr Vater Herzog Max, der selbst ohne jede Funktion am königlichen Hofe war und vom Großvater reich geerbt hatte, der die Künste schätzte und ein offenes Haus pflegte. Herzog Max hatte sich und seiner Familie 1828 das prächtige Palais auf Drängen Ludwigs I., dessen Vetter und Schwager er war, von Leo von Klenze im Stil der italienischen Renaissance bauen lassen. Herzog Max, ein leidenschaftlicher Zitherspieler, ließ sich im Palais ein Singcafé einbauen und im Hof eine Zirkusarena, in der er seinen Gästen Kunststücke hoch zu Ross vorführte und auch schon mal den Clown gab.

Das Herzog-Max-Palais in der Ludwigstraße

Adresse Ludwigstraße 13, 80539 München (Maxvorstadt) | Anfahrt U3/4/5/6, Haltestelle Odeonsplatz | Und heute 1937 wurde das Palais von der NS-Reichsbank akquiriert. Hitler persönlich ließ es im Zuge der nationalsozialistischen Stadtumgestaltung abreißen und einen neuen Monumentalbau errichten, in dem heute die Bundesbank sitzt. Eine Tafel außen weist auf das Geburtshaus Sissis hin.

43_Das Hinterzimmer

Hitler und seine Entourage in der Osteria Bavaria

München erlag einem Rausch. Alles, was irgendwie mit Italien zu tun hatte, war um die Wende zum 20. Jahrhundert en vogue. Und so avancierte eines der ersten Restaurants Münchens mit italienischer Küche, die »Osteria Bavaria« in der Schellingstraße, zur führenden Adresse und zum Treffpunkt vor allem von Künstlern, Intellektuellen und Studenten der nahen Akademie und der Universität. Wassily Kandinsky und Henrik Ibsen gingen gern hierher, die Osteria wurde zum Stammlokal Oskar Maria Grafs und vieler Redakteure des »Simplicissimus«. Das 1890 gegründete Restaurant wurde zum Geheimtipp.

Aber dieser »Geheimtipp« zog auch die Klientel der Naziführung an und wurde schnell zum Lieblingsrestaurant Adolf Hitlers und seines Gefolges vom »Völkischen Beobachter« im schräg gegenüberliegenden Buchgewerbehaus. Joseph Goebbels beschreibt in seinen Tagebüchern immer wieder, wie er mit Hitler in der Osteria speiste, wie sie neue Pläne ausheckten. Hier haben sie abends bei Pasta und Auberginen über den Beginn der von ihnen initiierten Reichspogromnacht im November 1938 jubiliert und sich über die legere Lebensweise der verachteten avantgardistischen Maler und Schriftsteller mokiert, deren freien Lebensstil, die rauschenden Schwabinger Künstlerfeste. Oskar Maria Graf schrieb zu »Hitlers Schwabinger Runde« in der Osteria Bavaria, zu der auch seine »Paladine« Rudolf Heß, Hermann Göring, Heinrich Himmler und sein Leibfotograf Heinrich Hoffmann gehörten: »Ein blitzschnelles Aufflackern in den Augen Hitlers, der uns ›Intelligenzbestien‹ hemmungslos hasste, fiel mir stets auf, wenn er zufällig zu uns herüberschaute, weil es so eine stechende, unheimliche Rachsucht verriet.« In der Osteria Bavaria lernte Hitler 1935 auch seine glühende Verehrerin Unity Mitford kennen, eine englische Nationalsozialistin, die eigens nach München gezogen war, um hier die Nähe ihres Idols zu suchen.

Hitler vor der Osteria Bavaria

Adresse Schellingstraße 62, 80799 München (Maxvorstadt) | **Anfahrt** U 2, Haltestelle Josephsplatz; Tram 27/28, Haltestelle Pinakotheken; Bus 154, Haltestelle Schellingstraße | **Und heute** Die Osteria Italiana, wie das Lokal heute heißt, gehört zu den besten italienischen Restaurants Münchens. Noch heute zeichnet sich das Lokal durch die Originalausstattung aus.

44 Die Hofgartenarkaden

Hier präsentierten die Nazis die »Entartete Kunst«

»Jedermann kann aus eigener Anschauung erfahren, wie durch Jahrzehnte jüdisch-marxistischer Geist die Kunstauffassung weitester Kreise vergiftet und zerfetzt hat«, notierte die Münchner Stadtchronik zur Eröffnung der Ausstellung »Entartete Kunst« in den Hofgartenarkaden am 19. Juli 1937. Als »entartet« galt den NS-Ideologen die Kunst der Moderne schlechthin, die international renommierten Künstler des 20. Jahrhunderts wie Otto Dix, Max Beckmann, Ernst Ludwig Kirchner, Paul Klee und Oskar Kokoschka. Sie wurden als »geistige Nichtskönner« mit »krankhaften Phantasien« beschimpft, als »jüdisch-bolschewistische« Feinde des Staates und seiner Kunstideale.

Einen Tag zuvor, am 18. Juli 1937, hatte Adolf Hitler anlässlich der Einweihung des neoklassizistischen »Hauses der Deutschen Kunst« und der damit verbundenen »Großen deutschen Kunstausstellung« die »wahre deutsche Kunst« vor Tausenden Münchnern, darunter viele mit dem System paktierende Künstler und Intellektuelle, gepriesen und über die »minderwertige« moderne Kunst gehöhnt: »Kubismus, Dadaismus, Futurismus, Impressionismus usw. haben mit unserem deutschen Volke nichts zu tun. [...] Wir werden von jetzt ab einen unerbittlichen Säuberungskrieg führen gegen die letzten Elemente unserer Kulturzersetzung.« Die Nazikunst, das waren monumentale Ölbilder, monströse Büsten und Porträts.

Der Terror gegen die moderne Kunst war bereits seit einem Jahr in vollem Gange. Überall Berufsverbote, Verhaftungen, erzwungene Emigrationen. Tausende Kunstwerke verfemter und »artfremder« Künstler, die nicht in das völkische und zutiefst antisemitische Weltbild der NS-Führung passten, waren aus Museen oder privatem, meist jüdischem, Besitz konfisziert worden und wurden auf Auktionen in der Schweiz devisenbringend versteigert. Oder gleich vernichtet. 650 beschlagnahmte Kunstwerke aus über 30 deutschen Museen waren in der Ausstellung »Entartete Kunst« zu sehen, die von München ausgehend deutschlandweit über zwei Millionen Besucher anziehen sollte.

Die Ausstellung »Entartete Kunst« im Juli 1937

Adresse Galeriestraße 4 (Hofgartenarkaden), 80539 München (Maxvorstadt) | **Anfahrt** U 3/4/5/6, Haltestelle Odeonsplatz | **Und heute** In den Hofgartenarkaden gibt es heute zahlreiche Galerien und das Theatermuseum.

45 Das Imex-Haus

Das Bordell im Jugendstilhaus

»Wie peinlich war es doch einst den Münchner Viehhändlern, wenn die Taxifahrer wichtige Kunden aus dem Ausland statt zur Firmenzentrale bei der Oktoberfest-Wiese zum ›Imex-Haus‹ in Schwabing chauffierten – einem stadtbekannten Bordell, das seinen Namen einer früher dort ansässigen Textil-Im- und Exportfirma verdankte. Je nach Temperament reisten die Zuchtvieh-Interessenten angesichts der Freudenmädchen empört wieder ab oder bedankten sich bei der richtigen Imex für den erstklassigen Sonder-Service«, so schrieb der »Spiegel« am 15. Februar 1988 im Zusammenhang mit einer Betrugsaffäre rund um die Imex Deutsche Zucht- und Nutzvieh Im- und Exportgesellschaft. Da aber war das stadtbekannte Bordell »Imex« in der Hohenzollernstraße 112 längst geschlossen. Der damalige Münchner Kreisverwaltungsreferent Peter Gauweiler hatte 1982 die Sperrbezirksverordnung auf weitere Stadtteile erweitert, auch auf Schwabing. Auf diese rigorose Attacke gegen das Rotlichtmilieu antwortete die bayerische Rock-Band Spider Murphy Gang mit dem Song »Skandal im Sperrbezirk«. Bereits 1972 hatte es im Vorfeld der Olympischen Spiele eine radikale Sperrbezirksverordnung für die Innenstadt gegeben. Die Rotlichtszene passte nicht zur »Weltstadt mit Herz«, die Bordelle wurden an die Peripherie gedrängt.

Das Imex-Haus, ein Jugendstilhaus aus der Gründerzeit, und damit der Abschnitt zwischen Kurfürsten- und Hohenzollernplatz hatte sich in den zurückliegenden Jahren tatsächlich zu einer Problemzone entwickelt. Der riesige Puff im feinen Haus wollte nie so recht zu Schwabing passen. Zumal er in den 1970er Jahren zu den größten und populärsten des Gewerbes in ganz München zählte. Rund ums Imex-Haus war an den Wochenenden die Hölle los: Taxischlangen, Streitereien zwischen Prostituierten, Zuhältern und Freiern, Schlägereien, patrouillierende Funkstreife, Krankenwagen. Mit der Schwabinger Beschaulichkeit war es dahin.

»Skandal im Sperrbezirk«

Adresse Hohenzollernstraße 112, 80796 München (Schwabing) | **Anfahrt** U 2, Haltestelle Hohenzollernplatz | **Und heute** Die Hohenzollernstraße 112 ist heute ein ganz normales Büro- und Wohnhaus.

46 Die italienischen Gräber

Die Toten zweier Weltkriege auf dem Waldfriedhof

An Allerheiligen sind es oft über 1.000 Italiener, die sich auf dem neuen Teil des Waldfriedhofs einfinden, einen Monat zuvor, am mittleren Wiesn-Wochenende, dem der Italiener, sind es Dutzende. Am 1. November gedenken die Menschen im Rahmen eines Feldgottesdienstes ihrer Angehörigen, dann überzieht die italienischen Gräber ein Lichtermeer, wird der Cimitero Militare Italiano zur Pilgerstätte und zum Zentrum des Waldfriedhofs. Einen Monat zuvor beginnt für viele Italiener der Oktoberfestbesuch und Wiesn-Rummel mit einem Abstecher zu den Angehörigen und Freunden, die hier auf dem weiten Gräberfeld nahe dem Schloss Fürstenried seit Jahrzehnten begraben liegen. Dann bringen sie Kerzen und Blumen. Ein Stück italienische Geschichte am Rande Münchens.

Über den weiten Gräberfeldern des Cimitero Militare Italiano weht stolz die italienische Fahne. 1922 wurde für die in der Kriegsgefangenschaft verstorbenen italienischen Soldaten des Ersten Weltkriegs die gemeinsame Grabanlage errichtet, versehen mit einem gewaltigen Obelisken. 1960 wurden alle Gräber italienischer Staatsangehöriger, die in der Folge des Zweiten Weltkriegs ums Leben kamen, auf dem neuen Teil des Waldfriedhofes zusammengelegt. 1.778 Soldaten des Ersten Weltkriegs und 1.460 Tote des Zweiten Weltkriegs. Neben Soldaten und Kriegsgefangenen ruhen hier auch viele Zivilpersonen, die zum Arbeitseinsatz in Deutschland rekrutiert worden waren, darunter auch zahlreiche Frauen.

Das Gräberfeld wurde vom italienischen Konsulat gekauft, das sich bis ins Detail um die Grabstätten kümmert, zuständig ist für Sanierungen und Pflege. Immer wieder gibt es Exhumierungen, Umbettungen, lassen Nachfahren ihre Angehörigen nach Italien überführen, holen Enkel ihre Großväter heim. Denn jeder Tote auf dem neuen Teil des Waldfriedhofs ist namentlich registriert. Lediglich 53 Gräber sind anonym. Es handelt sich also um kein Massengrab, wie der Besucher im ersten Moment denken könnte.

Der italienische Friedhof

Adresse Waldfriedhof (neuer Teil), Lorettoplatz 3, 81377 München (Hadern) | **Anfahrt** Bus 54, Haltestelle Lorettoplatz | **Und heute** Auch heute noch wird der italienische Friedhof von vielen Italienern besucht. Man kann ihn auch von der Forst-Kasten-Allee beim Schloss Fürstenried erreichen.

47_Die Judensiedlung

Seit 1941 gab es das Barackenlager in Milbertshofen

Ab November 1938 wurden die Münchner Juden systematisch aus ihren Wohnungen und Häusern vertrieben. »Wohnraumarisierung« nannten die Stadtoberen Münchens dieses Programm, das die »Arisierungsstelle« der Gauleitung organisierte. Die frei gewordenen Wohnungen, mehr als 1.500, vielfach in besten Lagen, wurden entweder der Partei zugeschlagen oder an »verdiente Parteigenossen« vergeben. Aller jüdische Besitz wurde beschlagnahmt und geraubt. Die meisten jüdischen Münchner Mitbürger wurden gezwungen, in sogenannte Judenhäuser zu ziehen, engste Unterkünfte, möglichst abgesondert von der übrigen Münchner Bevölkerung. Der Terror gegen die 1933 etwa 9.000 in München lebenden Juden, von denen bis Ende 1938 bereits 4.000 enteignet und zur Auswanderung gezwungen worden waren, erreichte nach der Reichspogromnacht eine weitere Dimension. 1.000 Juden wurden nach Dachau verschleppt, andere in die »Judensiedlung« nach Milbertshofen »umgesiedelt«.

Die »Judensiedlung«, so der Sprachgebrauch der Nazis, war eine ab März 1941 auf einem 14.000 Quadratmeter großen städtischen Grundstück angelegte Barackensiedlung mit 18 Baracken für 1.100 Internierte. Ein zweites Lager entstand in Berg am Laim. Zynischer ging es nicht: Zwangsverpflichtete jüdische Arbeitskräfte mussten unentgeltlich die Baracken an der Knorrstraße errichten, die jüdische Gemeinde München das Lager finanzieren. Zuerst wurden die hierher verschleppten Juden zur Zwangsarbeit verpflichtet, dann begann vom nahen Güterbahnhof Milbertshofen die systematische Deportation in die Vernichtungslager. Der erste Zug mit 1.000 Menschen verließ Milbertshofen am 20. November 1941. Für immer mehr Juden aus ganz Bayern wurde das Barackenlager zur Durchgangsstation in den Tod, überwiegend ins litauische Kaunas. Jede zur Deportation bestimmte Person hatte den Peinigern 50 Reichsmark an »Reisekosten« zu entrichten. Am 19. August 1942 wurde das Lager in der Knorrstraße geschlossen und an BMW verkauft. München war »judenrein«.

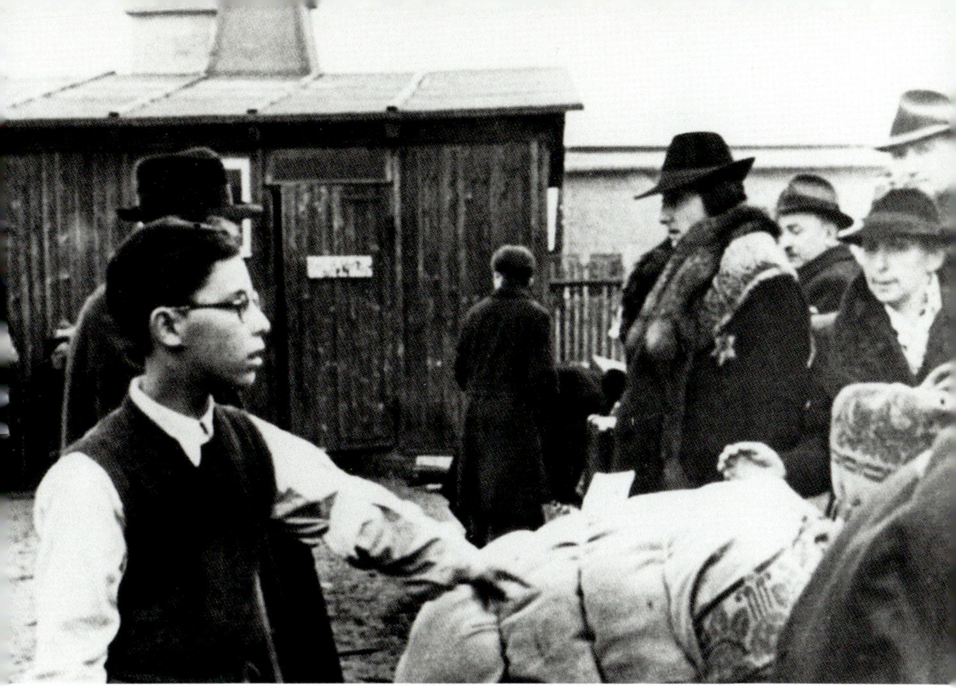

Ankunft der Deportierten im Lager

Adresse Knorrstraße 148, Ecke Troppauer Straße, 80804 München (Milbertshofen) | **Anfahrt** U 2, Haltestelle Am Hart | **Und heute** Auf dem Gelände der einstigen »Judensiedlung« befindet sich das Forschungs- und Innovationszentrum von BMW. Das 1982 errichtete Mahnmal »Baum der Erkenntnis« des Bildhauers Robert Lippl (1908–2009) erinnert an das Deportationslager Knorrstraße.

48 Der Jungfernturm

Wer hier landete, um den war's geschehen

Mit dem 1493 errichteten Jungfernturm hatten die Münchner immer ihre liebe Not. Ursprünglich als Wehrturm der Stadtmauer konzipiert, wurde der Bau im Mittelalter umfunktioniert in ein Verlies, das Angst und Schrecken verbreitete und immer sagenumwoben war. Hier soll es unter Ausschluss jeder Öffentlichkeit zur qualvollen Vollstreckung von willkürlich gesprochenen Todesurteilen gekommen sein. Immer wieder drangen furchtbare Schreie nach außen. Die Menschen wussten, dass derjenige, den die ganz in Schwarz gehüllten geheimbündlerischen Guglmänner mit ihren spitzen Hauben nachts aus dem Bett holten und in ihrem finsteren Einspänner zum Jungfernturm brachten, diesen nicht wieder lebend verlassen würde.

Die Geheimpolizei machten sich auch der im Volke unbeliebte Kurfürst Karl Theodor und dessen berüchtigter Kabinettschef Johann Caspar Lippert zunutze. Der hielt im Geheimen Gericht über politische Querdenker und vermeintliche Umstürzler, schließlich drohte die Französische Revolution auch Deutschland und Bayern zu erreichen. Abschreckung war oberstes Gebot. Todesurteile wurden im Jungfernturm nach Gutdünken gesprochen. Und gleich vollstreckt durch die bereits im 15. Jahrhundert installierte Eiserne Jungfrau – eine besonders grausame Hinrichtungsmaschine.

So musste der zum Tode verurteilte Delinquent vor die eiserne Statue der Heiligen Jungfrau treten, angeblich um Abbitte zu leisten. Er hatte sie zu küssen. Im Moment des Kusses öffnete sich unter ihm eine Falltür, und er stürzte in die Tiefe. Andere Überlieferungen berichten, dass die Verurteilten nach Öffnen der Falltür in die mit Messern und Dolchen gespickten Arme der Eisernen Jungfrau stürzten und qualvoll starben. Erst nach dem Tod Karl Theodors 1799 kam ein wenig Licht ins Dunkel des Jungfernturms. Die meisten Münchner atmeten auf, als 1804 endlich mit dessen Abriss begonnen und dem Spuk ein Ende bereitet wurde.

Der Jungfernturm 1796

Adresse Salvatorplatz, 80333 München (Altstadt) | **Anfahrt** U 3/4/5/6, Haltestelle Odeonsplatz | **Und heute** Am Salvatorplatz weist an den Resten der alten Stadtmauer eine Tafel auf den Jungfernturm hin.

49 Die Kammerspiele

Das große Theater begann in der Augustenstraße

»Ich störe, also bin ich. Ich höre auf zu stören, also war ich.« So skizzierte Heinar Kipphardt, Chefdramaturg der Münchner Kammerspiele zwischen 1969 und 1971, seine Sicht auf modernes, an der Realität orientiertes Theater. Er war Protagonist einer der größten Theaterskandale Münchens rund um die Aufführung eines Wolf-Biermann-Stückes, der schließlich in seine Entlassung mündete. Der Streit entbrannte um das Programmheft, in dem westdeutsche Persönlichkeiten als symbolische Drachen abgebildet werden sollten. Immer wieder wurden die Kammerspiele zum Politikum. Der junge Regisseur Peter Stein rief nach einer Aufführung des »Vietnam-Diskurses« von Peter Weiss zu einer Spendensammlung für den Vietcong auf, es gab Spielunterbrechungen aus Protest gegen die Notstandsgesetze, und der junge Dramatiker und Schauspieler Franz Xaver Kroetz sorgte mit seinen Inszenierungen für wütende Publikumsattacken.

All das mehrte letztendlich den Ruhm dieses weit über die Stadtgrenzen hinaus anerkannten Hauses, das stets die besten Regisseure und Dramaturgen in seinen Reihen hatte, herausragende Schauspieler an sich band und spektakuläre Inszenierungen auf die Bühne brachte.

Von Anfang an standen die Kammerspiele, seit sie 1912 als Privattheater »Zum großen Wurstel« gegründet und im Lustspielhaus in der Augustenstraße 89 untergebracht waren, im Fokus der Öffentlichkeit. Schon eine der ersten Inszenierungen, Frank Wedekinds »Franziska«, rief die Zensur wegen eines allzu durchsichtigen Schleiers auf nackter Haut auf den Plan. Im Oktober 1912 wurde das Theater in »Münchner Kammerspiele« umbenannt und mit dem expressionistischen Stück »Das Leben des Menschen« von Leonid Andrejew die erste Spielzeit eröffnet. 1917 startete dann die legendäre Intendanz des renommierten Theatermannes Otto Falckenberg. 1926 zog das Theater in den 1901 von Richard Riemerschmid errichteten, knapp 800 Personen fassenden Jugendstilbau in der Maximilianstraße.

...fs Insertion in diesem Programm
wende man sich an die
...nnoncen - Expedition „Union" München, Reichenbachstraße 4 ✦ Telephon 1973
Annahme von Inseraten für alle Tages- und Fachzeitschriften zu Originalpreisen.
Kostenvoranschläge und fachmännische Inseraten-Entwürfe werden gratis und ohne Verbindlichkeit erteilt.

MÜNCHENER KAMMERSPIELE
(Lustspielhaus) — Direktion: DR. EUGEN ROBERT
Augustenstrasse 89. — Strassenbahnhaltestelle 2, 7, 17. — Telephon 12235.

Mittwoch, den 18. Dezember 1912 — Anfang abends 8 Uhr

Gastspiel Frank und Tilly Wedekind.

FRANZISKA

Ein modernes Mysterium in 9 Bildern von Frank Wedekind. Regie: Eugen Robert.
Dekorationen nach Entwürfen von Leo Pasetti, angefertigt in den Werkstätten für Bühnenkunst, H. Hummelsheim.

PERSONEN:

Der Herzog von Rotenburg	Franz Otto	Spreizfüsschen	Ilse Kranz-Penzlin
Die Herzogin	Else Kündinger	Mausi	Mary Probst
Freiherr von Hohenkemnath	Karl Goetz	Oberleutnant Dirkens	Hans Alva
Gislind von Glonthal	Lili Breda	Sophie, seine Schwester	Anny Balder
Der Rotenburger Polizeipräsident	Paul Schwaiger	Ein Kind	Gudr. Schöller-Törsleff
Frau Eberhardt	A. Prasch-Grevenberg	Ralf Breitenbach, Schauspieler	Georg Schnell
Franziska, ihre Tochter	Tilly Wedekind a. Gast	William Fahrstuhl, Zeitungskorrespondent	Ernst Gronau
Dr. Hofmiller, Chemiker	Franz Wahl	Ein Regisseur	Julius Szalit
Veit Kunz	Frank Wedekind a. Gast	Ein Livreebedienter	Karl Pelèr
Laurus Bein	Benni Spanier	Karl Almer	Ludwig René
Lydia Zipfl	Sidonie Lorm	Der kleine Veitralf	Rignor Schöller-Törsleff
Rohdommel	Jenny Werner		

Ein Pater, ein Arzt, ein Drache, Weinstubengäste, Lakaien, Reitknechte, Chorsängerinnen.

Pause nach dem 2. und 6. Bilde.

Einem eventuellen Hervorruf dürfen die Darsteller nur nach dem 2. und 6. Bilde, sowie am Schlusse der Vorstellung Folge leisten.

Donnerstag, 19. Dez. Geschlossen. Freitag, 20. Dez. „Das Prinzip". Samstag, 21. Dez. „Franziska".

...TEINGRAEBER PIANINOS UND FLÜGEL
sind unübertroffen — Teilzahlung gestattet
KGL. HOF-PIANOFORTEFABRIK, MÜNCHEN, THEATINERSTR. 16

Programm einer Aufführung in der Augustenstraße

Adresse Maximilianstraße 28, 80539 München (Altstadt) | Anfahrt U 3/6, Haltestelle Marienplatz, Tram 19, Haltestelle Kammerspiele | Und heute Die Münchner Kammerspiele gehören zu den renommiertesten deutschen Bühnen. Das Theatercafé »Kulisse« ist eine Institution.

50_Das Karlstor

Explosion mit weitreichenden Folgen

Das 1302 erstmals urkundlich erwähnte Karlstor sah einmal ganz anders aus, und um ein Haar wäre es heute überhaupt nicht mehr da. Es war der 15. September 1857, ein Dienstag, spätabends gegen 23 Uhr. Die Neuhauser Straße war nahezu menschenleer. Vereinzelt kamen noch Gäste aus den schließenden Wirtshäusern, so auch aus dem auf der anderen Seite des Karlsplatzes gelegenen Stachus-Garten, der dort seinen Ausschank hatte, wo heute der Kaufhof steht.

Und dann die Apokalypse. Aus heiterem Himmel gab es einen nie zuvor gehörten Knall, eine gigantische Explosion. Holzbalken, Türstöcke, Fensterrahmen und Mauerwerk flogen Hunderte Meter durch die Luft. Die Gaslaternen erloschen, die Stadt versank im Dunkel. Stichflammen schossen in den Himmel. Das rechts des damaligen Hauptturms gelegene Haus des Eisenwarenhändlers Oskar Rosenlehner war bei der Explosion förmlich in die Luft geflogen und zusammengebrochen, angrenzende Häuser wurden zerstört. Aus den Trümmern werden schließlich fünf Tote geborgen.

Die Explosion hatte auch den die Stadteinfahrt überragenden Hauptturm des Karlstors getroffen. Diesen stolzen Wehrturm, zu dessen Verteidigung es dem Eisenwarenhändler Rosenlehner hochoffiziell erlaubt war, eine bestimmte Menge Schießpulver zu lagern. Rosenlehner aber, der bei der Explosion Sprache und Gehör verlor, hatte Schwarzpulver in viel größeren Mengen gebunkert, in seinen Kellern und in denen seiner Nachbarn. Wie es zur Entzündung kam, wurde nie geklärt.

Der Hauptturm hatte massive Risse und wurde umgehend abgerissen. Den Stadtoberen war die enge Durchfahrt unter dem Tor schon längst ein Dorn im Auge. Am liebsten hätten sie auch die beiden Vortürme gesprengt und ein neues, repräsentatives Tor gebaut. Aber die klamme Staatskasse führte schließlich 1861 nur zur Restaurierung der Ecktürme und zum Bau eines Torbogens in neugotischem Stil durch Baurat Arnold Zanetti.

Das Karlstor mit dem hohen Turm 1856

Adresse Karlsplatz (Stachus), 80335 München (Altstadt) | **Anfahrt** U 4/5, S 1/2/4–8, Haltestelle Karlsplatz (Stachus) | **Und heute** Neben dem Karlstor existieren von der alten Münchner Stadtmauer noch das Sendlinger Tor und das Isartor.

51 Die Kaufingerstraße

Die Fußgängerzone und der »Schöne Turm«

Da, wo einst die mittelalterliche Salzstraße von Salzburg und Bad Reichenhall über Landsberg am Lech zum Bodensee und in die Schweiz führte, verlief sie in München über die Ludwigsbrücke und durch das Tal zum Marienplatz und weiter zum Karlstor, also durch die Kaufinger- beziehungsweise Neuhauser Straße. Da, wo heute Münchens größte Fußgängerzone liegt, die 1972 passend zu den Olympischen Spielen eingeweiht wurde. Auch mit einer sogenannten Zamperl-Parade. Da zogen Hunderte Münchner mit ihren Kurz- und Rauhaardackeln durch die neue Fußgängerzone, angeführt vom damaligen Oberbürgermeister Hans-Jochen Vogel. Zamperl »Waldi« wurde schließlich auch das Maskottchen der Münchner Spiele.

Die Kaufingerstraße, das Kernstück der Fußgängerzone, endet an der Kreuzung Färbergraben/Augustinerstraße. Hier verlief die Ende des 12. Jahrhunderts erbaute erste Münchner Stadtmauer, und hier stand mit dem »Schönen Turm« eines der fünf Stadttore des mittelalterlichen München. Nach dem Bau der äußeren Stadtmauer zog die Kaufmannsfamilie Kaufinger in den Turm. Durch den Einbau einer Uhr und die Bemalung mit schmuckvollen Fresken wurde der erneuerte Turm 1481 zum »Schönen Turm«. 1807 war Schluss. Da wurde der seit Jahrhunderten seiner ursprünglichen Funktion beraubte Turm im Zuge der Erweiterung der Kaufingerstraße abgebrochen. Und zur Gründerzeit um 1900 mussten schließlich auch die meisten barocken Wohnhäuser den nun entlang der Straße entstehenden Kaufhäusern weichen. Gebaut wurden das »Geschäftshaus zum Schönen Turm«, der heutige, immer prachtvoll blumengeschmückte Hirmer und das Kaufhaus Oberpollinger. Nach massiven Kriegszerstörungen kamen in den 1950er und 1960er Jahren zahlreiche nüchterne Betonbauten wie der Kaufhof am Marienplatz hinzu, als im Zuge der »verkehrsberuhigten Stadt« durch den Bau des Altstadtrings die Fußgängerzone konzipiert und auch die Trambahn zwischen Karlstor und Isartor stillgelegt wurde.

Der »Schöne Turm« um 1800

Adresse Kaufingerstraße 28, 80331 München (Altstadt) | **Anfahrt** U 3/6, Haltestelle Marienplatz; U 4/5, Haltestelle Karlsplatz (Stachus) | **Und heute** Die Fußgängerzone hat das höchste Mietniveau aller deutschen Einkaufsstraßen. Vor dem Kaufhaus Hirmer wurde 1983 im Pflaster der Grundriss des »Schönen Turms« nachgebildet. An der Außenfassade des Hirmer erinnert eine Skulptur an den Turm und seine Geschichte.

52 Die Kaulbachstraße

Albert Langen und der »Simplicissimus«

Die am 4. April 1896 erstmals in München erschienene Satirezeitschrift »Simplicissimus« dürfte bis zum heutigen Tag in ihrem Genre unerreicht sein. Das Blatt mit der roten Bulldogge auf schwarzem Grund wurde schnell zu einem Markenzeichen der kritischen Satire der Schwabinger Belle Époque. Allerdings mit anfänglichen Schwierigkeiten. Der aus Köln stammende junge Verleger Albert Langen, von Hause wohlhabend, hatte sein Erbe während seiner Pariser Jahre in Kunstgeschäften weitgehend verpulvert und wollte in seinem neuen »Buch & Kunst Verlag« eine Zeitschrift herausbringen, wie er sie in Paris in dem Satireblatt »Gil Blas Illustré« erlebt hatte. Vier Monate zuvor schon hatte der Verleger Georg Hirth mit der avantgardistischen Kunstzeitschrift »Jugend« Furore gemacht, nach der schließlich die Kunstrichtung des Jugendstils benannt wurde.

Der »Simplicissimus« startete spektakulär mit der abenteuerlichen Druckauflage von 400.000 Exemplaren, von denen natürlich keine 10.000 verkauft wurden. Eine wahrscheinlich kalkulierte Pleite, aber mit einem fulminanten Presse-Echo. Langen ließ sich nicht beirren, versammelte die besten Satiriker und Zeichner um sich und machte weiter – voller Biss, Witz und Satire gegen die bürgerliche Moral, die Kirche, das Militär und die wilhelminische Politik. Und der Ruhm kam. Ferdinand von Reznicek, Eduard Thöny, Rudolf Wilke, Ludwig Thoma, Frank Wedekind, Thomas Theodor Heine und Olav Gulbransson gingen in der Kaulbachstraße ein und aus. Endgültig etablierte sich der wöchentlich erschienene »Simplicissimus« mit der sogenannten Palästina-Nummer, in der die Künstler eine geplante Reise von Kaiser Wilhelm ins Heilige Land satirisch verulkten. Heine und Wedekind wurden wegen Majestätsbeleidigung inhaftiert, Langen und seine Frau gingen für fünf Jahre ins Exil in die Schweiz und nach Paris. Der Verlag wurde von Mitarbeitern und Freunden kommissarisch weitergeführt. Mit Erfolg. 1904 hatte der »Simplicissimus« eine wöchentliche Auflage von über 80.000 Exemplaren.

1. Jahrgang Nr. 1. Preis 10 Pfg. 4. April 1896

SIMPLICISSIMUS

Abonnement vierteljährlich (frei ins Haus gebracht) Mk. 1.50

Illustrierte Wochenschrift

Inserate: Die 5gesp. Nonpareille-Zeile Mk. 1.50

Die Fürstin Russalka

(Alle Rechte vorbehalten)

Der erste »Simplicissimus«

Adresse Kaulbachstraße 91, 80802 München (Schwabing) | **Anfahrt** U3/6, Haltestelle Giselastraße | **Und heute** Heute gehört das Haus zur Münchner Universität.

53 Der Kopiensaal

Wo einst die Bayerische Staatsregierung tagte

Eigentlich hatte der von König Maximilian II. nach München gelockte, in Schwerin geborene Adolf Friedrich Graf von Schack (1815 bis 1894), der in München zu einem der bedeutendsten Sammler zeitgenössischer Malerei des 19. Jahrhunderts werden sollte, mit seinem Kunstschatz ganz andere Pläne. Nach immer wiederkehrenden Querelen mit der Obrigkeit und der Stadt München hatte er testamentarisch bestimmt, die über 200 Gemälde umfassende Sammlung, darunter früh erworbene Werkkomplexe von Anselm Feuerbach, Moritz von Schwind und Arnold Böcklin, nach seinem Ableben dem deutschen Kaiser zu vermachen. Wilhelm II. aber traute sich nicht, die Kunstwerke aus München abzuziehen und nach Berlin zu transferieren. Er wollte auf gar keinen Fall den latenten antipreußischen und reichsfeindlichen Ressentiments im Süden Deutschlands weiteren Vorschub leisten und entschied großzügig, die Sammlung in München zu belassen: anfänglich in der mondänen Schack-Villa in der Brienner Straße, schließlich in dem von ihm persönlich in Auftrag gegebenen Galeriegebäude in der Prinzregentenstraße, das der preußischen Gesandtschaft angegliedert wurde und am 18. September 1909 nach Plänen Max Littmanns feierlich eröffnet wurde.

Ein Kleinod der nach jahrelanger Generalsanierung 2009 wiedereröffneten Sammlung ist der sogenannte Kopiensaal im Obergeschoss. Schack hatte seinerzeit zahlreiche Kopien von großformatigen Gemälden alter italienischer Meister der Renaissance in Auftrag gegeben, was in dieser Zeit nicht unüblich war, gab es doch noch keine entwickelte Fotografie, keinen Film. Besonders die Tizians von Franz von Lenbach, deren Originale in den wichtigsten europäischen Museen hängen, zählen zu den besten Gemäldekopien des 19. Jahrhunderts. Der Kopiensaal diente übrigens jahrzehntelang der Bayerischen Staatsregierung als Sitzungssaal, denn die Staatskanzlei war bis zum Umzug an den Hofgarten 1993 im Gebäude der Preußischen Gesandtschaft angesiedelt.

Das Kabinett Strauß berät sich im Kopiensaal

Adresse Sammlung Schack, Prinzregentenstraße 9, 80538 München (Lehel) | **Anfahrt** Bus 100 (Museumslinie), Haltestelle Reitmorstraße/Sammlung Schack | **Und heute** Die Sammlung Schack ging 1939 auf Befehl Hitlers in den Besitz Bayerns über und ist heute ein Teil der Bayerischen Staatsgemäldesammlung. Der Kopiensaal wird auch für literarische und musikalische Veranstaltungen genutzt.

54 Das Kugelzimmer

Die »Kosmiker« in der Römerstraße

Wann immer Stefan George in München weilte, wohnte er in der Römerstraße 16, der Wohnung des Schriftstellers und Literaturhistorikers Karl Wolfskehl, den er 1893 im Café Luitpold kennengelernt hatte und mit dem ihn eine enge Freundschaft verband. Aber Stefan George, der Mystiker und Symbolist, der schillernde und umstrittene Dichter, war nicht nur Gast in Schwabing, seine Anwesenheit machte aus der Römerstraße 16 das Zentrum seiner Heilslehren. Einem Guru gleich empfing er hier jeweils über Wochen und Monate hinweg seine Jünger, gewährte Privataudienzen stets in einer Melange intellektueller Auseinandersetzung und homoerotischer Beziehung. Während die Mitglieder seines Freundeskreises in einem Nebenzimmer der Wolfskehl'schen Wohnung warten mussten, bat der stets dunkel gekleidete Meister mit der hohen Stirn und den tief liegenden Augen seine Anbeter einzeln in das »Kugelzimmer«, seine Dichterstube, die ihren Namen einer im Raum hängenden Kugellampe mit unterschiedlich gedämmten Lichteffekten verdankte.

In der Römerstraße etablierte sich der sogenannte Kosmikerkreis, den der 1868 geborene und von Haus aus gut betuchte George, der jahrelang kreuz und quer durch Europa gereist war und in Berlin Philosophie studiert hatte, dominierte. Hier erschienen ab 1892 die »Blätter für die Kunst«, in denen nur die Getreuen des George-Kreises publizieren durften. Hier formulierten die Kosmiker um Wolfskehl ihre kruden Prophezeiungen vom Untergang der abendländischen Welt, ernannten sich selbst zu Auserwählten und Führern der Umkehr und der kosmischen Wiedergeburt – stets deutschnational und in Kritik am Juden- und Christentum, verbrämt mit schräger Lyrik. Ausgerechnet die einzige Frau, die zu diesem Kreis Zugang hatte, die Schriftstellerin Fanny Gräfin zu Reventlow, hielt in ihrem ironischen Roman »Herrn Dames Aufzeichnungen«, den elitären Kosmikern und ihrer gesellschaftlichen Rolle ihren Spiegel vor.

Die »Kosmiker« mit Karl Wolfskehl (links) und Stefan George (Zweiter von rechts)

Adresse Römerstraße 16, 80801 München (Schwabing) | **Anfahrt** Tram 27, Haltestelle Kurfürstenplatz; U2, Haltestelle Hohenzollernplatz | **Und heute** Die Römerstraße 16 ist nach wie vor ein Wohnhaus.

55 Das Künstlerhaus

Steingewordene Belle Époque am Lenbachplatz

»Nobis et Amicis« – Für uns und unsere Freunde. Der Spruch über dem Eingangsportal des am 29. März 1900 durch Prinzregent Luitpold feierlich eröffneten Künstlerhauses sollte für die gehobenen Münchner Kreise Programm werden. Jahrelang hatten Franz von Lenbach und die von ihm dominierte Künstlergenossenschaft Allotria, deren Gründer und mächtiger Präsident er war, um einen repräsentativen Bau gekämpft, seit 1850 gab es dazu immer neue Pläne. Ursprünglich wurde ein palastartiges Gebäude am Ende des Maximiliansplatzes avisiert, schließlich erhielten die Künstler und der die Finanzierung organisierende, eigens gegründete Künstlerhausverein die Genehmigung zum Künstlerhaus am heutigen Lenbachplatz.

Architekt Gabriel von Seidl, ein enger Freund und Vertrauter Lenbachs, der zehn Jahre zuvor schon die private Villa des Malerfürsten unmittelbar am Königsplatz gebaut hatte, entwarf einen dem Historismus entlehnten Prachtbau im Stil der Neorenaissance, zu dem 1883 bereits durch den Prinzregenten höchstpersönlich der Grundstein gelegt worden war. Alles im Sinne der Mitglieder der Allotria. Lenbach selbst organisierte die üppige Innenausstattung: getäfelte Wände, Kassettendecken, kostbares Mobiliar und wertvolle Gemälde, wobei er zahlreiche seiner Bilder dem Künstlerhaus überließ. All das entsprach dem Zeitgeist, und so stand in der Gründungsurkunde: »Das Haus soll allen Künstlern Münchens ein Sammelplatz sein, ein Mittelpunkt für Frohsinn, Rat und erste Tat«. So hatte sich in den folgenden Jahren das Künstlerhaus vor allem durch seine rauschenden Feste einen Ruf erworben. Von Beginn an war es als Schnittstelle gedacht zwischen den etablierten Künstlern und der Münchner Gesellschaft, vornehmlich natürlich der gebildeten und betuchten, der Großbürger, die sich mit Kunst schmückten und mit Vorliebe von den geadelten Malerfürsten porträtieren ließen. Von Franz von Lenbach, Fritz August Kaulbach oder Franz von Stuck.

Das Künstlerhaus 1904

Adresse Lenbachplatz 8, 80333 München (Altstadt) | **Anfahrt** U 3/4, Haltestelle Karlsplatz (Stachus); Tram 19, Haltestelle Lenbachplatz | **Und heute** Die Räumlichkeiten können für Events und private Feste genutzt werden, dazu gibt es verschiedene Restaurants. Aber es finden auch zahlreiche hauseigene Kulturprogramme statt.

56 Der Laden

Die Bühne der »Münchner Lach- und Schießgesellschaft«

»Denn sie müssen nicht, was sie tun« hieß das erste Programm einer neuen Schwabinger Kabarettgruppe. Viel umjubelt war die Premiere am 12. Dezember 1956, die der Startschuss in eine unvergleichliche Kabarettkarriere sein sollte, in einem Etablissement, das bis heute Kultstatus hat und eine nicht wegzudenkende Institution Münchens ist. Die »Münchner Lach- und Schießgesellschaft«.

Entwickelt hatte sich alles aus einem Studentenkabarett Anfang der 1950er Jahre. Dieter Hildebrandt und Klaus Peter Schreiner gründeten anlässlich eines Faschingsfestes der Theaterwissenschaftler eine Formation, die im Schwabinger Kellerlokal »Alte Laterne« auftrat. Ihr Name: »Die Namenlosen«. Allen gemein war das dringende Bedürfnis, den Zeitgeist der fünfziger Jahre satirisch und kabarettistisch zu durchleuchten. Das Publikum war begeistert, Grund genug, weiterzumachen. Sie traten mit neuem Programm im »Café Freilinger« in der Leopoldstraße auf – und trafen auf Sammy Drechsel. Der umtriebige Sportreporter erwies sich für die Kabarettisten als Glücksfall. Er nahm ihre Geschicke in die Hand und formte gemeinsam mit Dieter Hildebrandt eine Profitruppe. Aus den »Namenlosen« wurde die »Münchner Lach- und Schießgesellschaft«.

Sammy Drechsel stellte Dieter Hildebrandt einige bereits etablierte Münchner Kabarettisten zur Seite – Klaus Havenstein, Hans Jürgen Diedrich und Ursula Herking, später ergänzt durch Ursula Noack, Jürgen Scheller, Horst Jüssen und Achim Strietzel. Und er organisierte dem Ensemble eine feste Bleibe, ein eigenes Haus. Den »Laden« an der Ecke Ursula-, Haimhauserstraße, ein Lokal, das ab jetzt den Namen des Kabaretts führen sollte. Er selbst wurde dessen Leiter und Regisseur. Von nun an ging's bergauf. Die Münchner Truppe wurde geliebt und gehasst, gefeiert und verboten – und sorgte immer wieder für Furore. Jedes neue Programm feierte Triumphe, die Silvesterprogramme im Fernsehen wurden zur bundesweiten Institution.

Das Urensemble vor seinem »Laden«

Adresse Ursulastraße 9, 80802 München (Schwabing) | Anfahrt U 3/6, Haltestelle Münchner Freiheit | Und heute Die Münchner Lach- und Schießgesellschaft gibt es bis heute als Kabarett und Bühne mit wechselnden Programmen.

57 Der Landtag

In der Prannerstraße proklamierte Kurt Eisner den Freistaat

Es war der Abend des 7. November 1918, 22.20 Uhr. Das Ende eines historischen und ereignisreichen Tages. Ohne einen Gewehrschuss, ohne einen Tropfen Blut war die Revolution mit einer gewaltigen Kundgebung vor rund 100.000 Menschen auf der Theresienwiese verkündet worden, das Ende der Monarchie, die Vereidigung des Heeres auf die Verfassung, Freiheit und Demokratie und die Besetzung aller strategisch wichtigen Punkte der Stadt durch die Revolutionäre. Am Ende dieses Tages rief der Vorsitzende des Arbeiter- und Soldatenrates Kurt Eisner im Bayerischen Landtag in der Prannerstraße den »Freistaat Bayern« aus und wurde vom erstmals zusammengetretenen Provisorischen Nationalrat zum Ministerpräsidenten einer Koalition von SPD und USPD, der er selbst angehörte, ernannt.

Die ersten Landtagswahlen nach dem Ende der Monarchie fanden dann am 12. Januar 1919 statt, und erstmals durften Frauen wählen. Stärkste Partei wurde die Bayerische Volkspartei (BVP), knapp vor der SPD. Die Partei Eisners erlitt eine verheerende Niederlage. Als Kurt Eisner am 21. Februar auf dem Weg zur Eröffnung des ersten legitimierten Landtags in der Geschichte Bayerns war, um seinen Rücktritt zu erklären, wurde er von einem Rechtsradikalen auf der Straße ermordet. Im Landtag kam es zu Tumulten, zu Schießereien, bei denen zwei BVP-Abgeordnete getötet wurden. Die Ereignisse gerieten außer Kontrolle und mündeten im April 1919 in die Räterepublik, die vom revolutionären Arbeiterrat ausgerufen, aber Anfang Mai durch rechtsradikale Freikorps und Armeeverbände blutig niedergeschlagen wurde. Erst da konnte der am 17. März 1919 gewählte sozialdemokratische Ministerpräsident Johannes Hoffmann, der wie große Teile des Landtags nach Bamberg ausgewichen war, um dort die Verfassung des Freistaates Bayern auszuarbeiten, in die Prannerstraße zurückkehren. Am 9. März 1933 wurden die Länder des Deutschen Reiches gleichgeschaltet. In das Landtagsgebäude an der Prannerstraße zog die Gauleitung der NSDAP für München und Oberbayern ein.

Der Bayerische Landtag in der Prannerstraße in den 1920er Jahren

Adresse Prannerstraße 8, 80333 München (Altstadt) | **Anfahrt** U 3/4/5/6, Haltestelle Odeonsplatz; U 4/5, Haltestelle Karlsplatz (Stachus); Tram 19, Haltestelle Lenbachplatz | **Und heute** Der Landtag in der Prannerstraße 16–23 wurde 1944 bei einem Bombenangriff zerstört. Er stand an der Stelle des heutigen Bürohauses Prannerstraße 8. Der neue Bayerische Landtag befindet sich seit 1949 im Maximilianeum.

58 Das Lenbachhaus

Als »zeige deine Wunde« zum Skandalon wurde

Ein Sturm der Entrüstung brach 1979 über München herein. Gerade hatte die Städtische Galerie im Münchner Lenbachhaus bekannt gegeben, das Werk des Avantgardekünstlers Joseph Beuys »zeige deine Wunde«, eine Installation aus den Jahren 1974/1975, anzukaufen. Für 270.000 Mark. Eine unvorstellbare Summe für einen »Haufen Müll«, wie die Presse titelte und sich die etablierte Münchner Kulturschickeria ausließ. Das Werk, in dessen Zentrum zwei Leichenbahren aus der Pathologie standen, führte zu einer in der Öffentlichkeit hitzigen, teilweise unversöhnlichen Debatte. »Der teuerste Sperrmüll aller Zeiten« hieß es. So etwas Frivoles in unmittelbarer Nachbarschaft zu den »Blauen Reitern« zeigen zu wollen, neben Paul Klee, Wassily Kandinsky, Franz Marc und Gabriele Münter. Undenkbar. Und das zu diesem Preis. Schon die Ausstellung des Objekts 1975 im Maximiliansforum hatte Kopfschütteln, Unverständnis und Ablehnung provoziert.

Die Installation überschritt die Toleranzgrenze der großen Mehrheit der Münchner. Eine willkürlich zusammengestellte Installation, so schien es den meisten Kritikern und Besuchern, grau und abstoßend. Zwei Leichenbahren, unter denen mit Fett gefüllte Kisten stehen, Werkzeuge, Zinkforken, Schultafeln, italienische Zeitungen, alles doppelt arrangiert. Der Kreislauf zwischen Leben und Tod in einem anonymisierten Krankenzimmer. Aber die Kuratoren des Lenbachhauses blieben unbeirrt. Und tatsächlich: Das Beuys-Werk ist heute aus der Städtischen Galerie nicht mehr wegzudenken, hat zu einem »Bedeutungswandel« im Lenbachhaus geführt und mit zeitgenössischer internationaler Kunst von Gerhard Richter, Anselm Kiefer, Andy Warhol, Richard Serra und Jenny Holzer neben den »Blauen Reitern« und der Kunst des 18. und 19. Jahrhunderts der Münchner Schule, des Jugendstils und der Neuen Sachlichkeit einen dritten Sammlungsschwerpunkt in der einstigen Künstlervilla Franz von Lenbachs gelegt.

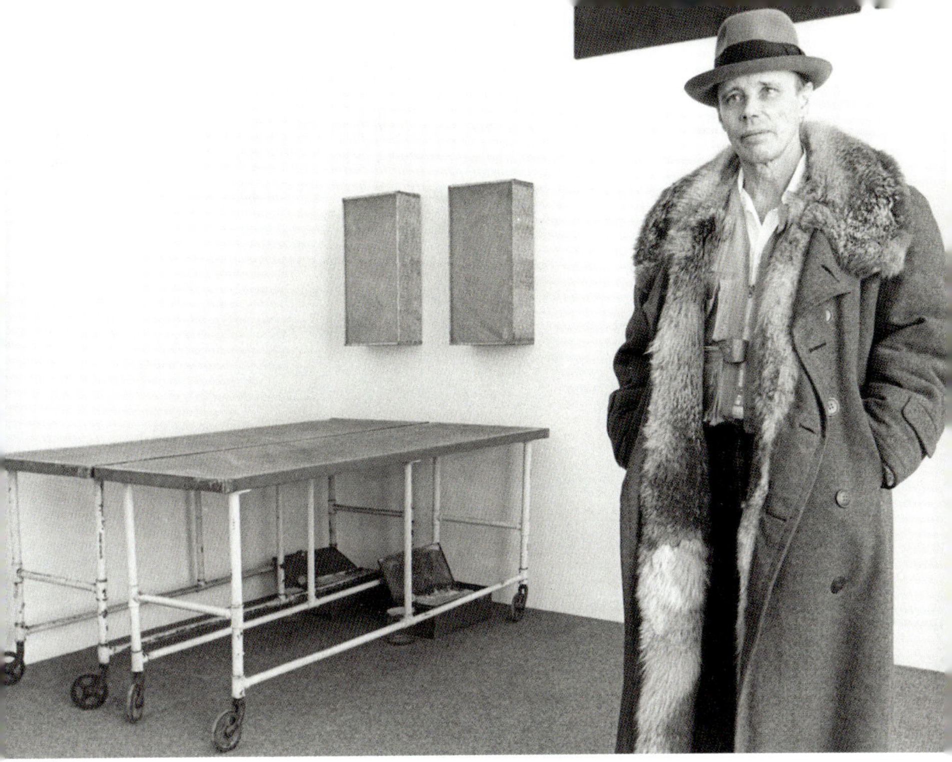

Joseph Beuys bei der Installation seines Kunstwerks

Adresse Luisenstraße 33, 80333 München (Maxvorstadt) | **Anfahrt** U 2, Haltestelle Königsplatz | **Und heute** Mit der Schenkung weiterer 15 früher Beuys-Werke durch den Verleger Lothar Schirmer erhielt Joseph Beuys im Rahmen der Wiedereröffnung des Lenbachhauses 2013 sogar einen eigenen Trakt.

59 Die Leopoldstraße

Die Schwabinger Krawalle sorgten für Furore

Ein halbes Jahrzehnt vor den Studentenunruhen Ende der 1960er Jahre kam es in München zu Krawallen, wie sie so im Nachkriegsdeutschland noch keine Großstadt erlebt hatte. Es war der 22. Juni 1962, gegen 23 Uhr, ein lauer Sommerabend, immer noch knapp 30 Grad warm. Die Straßenlokale an der Leopoldstraße waren überfüllt, kaum ein Platz zu haben, die Stimmung ausgelassen. Künstler stellten unter den Pappeln ihre Bilder aus, Straßenmusikanten spielten auf. So auch fünf junge Gitarristen, die vor rund 100 Passanten russische Lieder sangen, als ein Streifenwagen vorfuhr. Ruhestörung, Anwohner hatten die Polizei gerufen. Als die Beamten drei der Musiker festnehmen und abtransportieren wollten, eskalierte die Situation. Passanten blockierten den Polizeiwagen, buhten und pfiffen, ließen die Luft aus den Reifen. Die Polizisten forderten Verstärkung an. Die kam massiv, 14 Funkstreifen und das Überfallkommando erschienen in der Leopoldstraße. Aber auch die Menschenmenge wurde größer. Und als diese sich nicht freiwillig zerstreuen wollte, schlug die Polizei los. Der Auftakt zu fünf tobenden Krawallnächten.

Abend für Abend, Nacht für Nacht eskalierte die Gewalt, wenn die Polizei versuchte, die Leopoldstraße von den Menschenmengen, die den Verkehr lahmlegten – die U-Bahn gab es noch nicht –, zu räumen. Zehntausende strömten zur Leopoldstraße, lieferten Hunderten Polizisten regelrechte Straßenschlachten. Pflastersteine flogen, Knallkörper explodierten, Autos wurden demoliert. Berittene Polizei galoppierte durch die Menge, über die Bürgersteige, die Caféterrassen, zertrampelte Einrichtungen, trieb die Besucher vor sich her, verhaftete Gäste aus Lokalen und Bars, die sich dort in Sicherheit wähnten. Jeden Abend Schwerverletzte, Hunderte Festnahmen. Das nächtliche Schwabing war im Ausnahmezustand. Dann spielte das Wetter verrückt, die Temperaturen fielen auf 13 Grad. Die Proteste waren beendet.

Krawalle in der Leopoldstraße

Adresse Leopoldstraße, 80802 München (Schwabing) | **Anfahrt** U 3/6, Haltestelle Giselastraße oder Münchner Freiheit | **Und heute** Nichts erinnert an die Schwabinger Krawalle von 1962.

60_Das Leprosenhaus

Die Aussätzigen am Isarhochufer und in Schwabing

Wehe, wenn der Wundarzt kam – und seine Diagnose stellte: »Aussatz.« Dann war es um den Patienten geschehen, selbst wenn der Befund »Lepra« auf Verdacht basierte. Denn zu erkennen war die Krankheit wegen ihrer langen Inkubationszeit schwer. Das gab den Ärzten Macht über die Menschen. Die Diagnose Lepra oder auch die Fehldiagnose hatte verheerende Folgen. Sie bedeutete strikte Quarantäne. So mussten die Aussätzigen die Stadt verlassen, in eines der Leprosenhäuser ziehen, diese Siechenhäuser hinter dem Burgfrieden, aus denen es niemals ein Zurück gab. Denn wer als »sondersiech« galt, den erwartete die Verbannung auf Lebzeiten, die gesellschaftliche Ächtung, der Verlust der stadtbürgerlichen Rechte. Die Lepra, deren Merkmale körperliche Entstellungen und ein schleichender Befall des Nervensystems sind, führte auch damals keineswegs zum sofortigen Tod. Aussätzige lebten mitunter viele Jahre in der verordneten Verbannung.

Die Stadt München unterhielt zwei Leprosenhäuser, diese spezielle Form eines Spitals, in dem sich die Ausgesonderten selbst organisieren, pflegen und versorgen mussten. Das älteste Leprosenhaus Münchens wurde am Hochufer der Isar, am Gasteig, errichtet und 1204 erstmals erwähnt. Die heute noch bestehende Nikolaikirche war die Spitalkirche des Leprosenhauses, das 1859 ins ehemalige Irrenhaus Giesing verlegt wurde. 1860 erwarb König Max II. das Gelände von der Stadt, ließ das Leprosenhaus abreißen und das Isarhochufer kultivieren. Nur St. Nikolai blieb stehen. Ein zweites Siechenhaus, erstmals 1409 erwähnt, gab es am Schwabinger Nikolaiplatz. Das hochgiebelige Wohn- und Bettenhaus, das angeschlossene Wirtschaftsgebäude, über dessen Innenleben so gut wie nichts bekannt ist, wurden 1856 abgerissen. Im Gegensatz zum Gasteig fielen auch die am Nikolaiplatz 1467 errichtete Nikolaikirche und der Leprosenfriedhof 1898 städtebaulichen Planungen zum Opfer – gegen den erheblichen Protest der Münchner Bürger.

Die Nikolaikirche in Schwabing

Adresse Innere Wiener Straße 1, 81667 München (Haidhausen), und Nikolaiplatz, 80802 München (Schwabing) | **Anfahrt** Haidhausen: S-Bahnen, Haltestelle Rosenheimer Platz; U 4/5, Haltestelle Max-Weber-Platz; Tram 16, Haltestelle Am Gasteig. Schwabing: U 3/6, Haltestelle Giselastraße | **Und heute** Die Nikolaikirche steht am Isarhochufer gegenüber dem Gasteig. Dazu gehört die Loretokapelle, die ursprünglich auf das Jahr 1678 zurückdatiert. Am Nikolaiplatz erinnert eine Tafel an das Leprosenhaus und die Nikolaikirche.

61 Das Loch von Trudering

Als der Bus im Erdboden versank

Es ist Dienstag, der 20. September 1994. Der Bus der Linie 192 kommt vom Max-Weber-Platz, hält vor der roten Ampel am Truderinger Bahnhof. Die Ampel: ein Provisorium an der Kreuzung Truderinger Straße/Elritzenstraße, errichtet im Zuge des U-Bahn-Baus der Linie 2 zur Messestadt Riem. Der Bus ist voll besetzt. Ein Bauarbeiter stürmt plötzlich auf den Fahrer zu und fordert ihn auf, sofort wegzufahren. Die Erde bewege sich. Der Busfahrer schaut ungläubig, versteht nicht so recht. Dann ist es zu spät. Unter der Hinterachse des Busses bricht der Grund weg. Wie aus dem Nichts tut sich die Erde auf. Der Bus versinkt in einem Schlund aus Sand, Schlamm und Kies, in einem tiefen Loch. Nur der vordere Teil des Busses ragt aus dem etwa zehn Meter großen Krater, nahezu senkrecht aufgestellt, das Heck steckt tief im Grundwasser. Es ist 18.46 Uhr.

Geistesgegenwärtig öffnet der Busfahrer die Türen. Einige Menschen können sich aus eigener Kraft aus dem Inneren befreien. Mehr als 30 Insassen werden durch Polizei, Feuerwehr und Rettungstaucher zum Teil schwer verletzt geborgen, für drei Menschen kommt jede Hilfe zu spät. Die Rettungsaktion zieht sich über Tage hin. Eine Frau wird von Tauchern tot aus dem Unglücksbus gezogen, ein Fahrgast und der Bauarbeiter, der den Busfahrer warnen wollte, können erst sehr viel später geborgen werden. Bis der Bus aus dem schlammigen Untergrund gehoben werden kann, vergehen Monate.

Risse in einer tiefer gelegenen, als wasserundurchlässig geltenden Mergelschicht sollen dafür verantwortlich gewesen sein, dass plötzlich Wasser in den Untergrund gelangen und sich mit einem schlammigen Kiesgemisch in die U-Bahn-Röhre ergießen konnte, sodass schließlich das Erdreich und die Betondecke in die Tiefe stürzten. Nach knapp fünfjährigen staatsanwaltlichen Ermittlungen wegen möglicher Planungsfehler wurde das Verfahren eingestellt. Die verantwortlichen Bauleiter des U-Bahn-Projektes – so das Urteil – hätten das Unglück nicht voraussehen können.

Das Busunglück von Trudering 1994

Adresse Truderinger Straße, Ecke Elritzenstraße, 81825 München (Trudering) | **Anfahrt** S 4/6 und U 2, Haltestelle Trudering; Bus 146, Haltestelle Truderinger Straße | **Und heute** An der Unglücksstelle steht ein Gedenkstein mit der Inschrift: »Zum Gedenken an die drei Opfer des Busunglücks beim U-Bahntunnelbau am 20. September 1994«.

62 Der Löwenbräukeller

Tödliche Panik nach der »Bravo«-Party

Es ist der 12. April 1973. Die Stimmung ist bombig, alle sind gut drauf. Die Teenager-Zeitschrift »Bravo« hat eingeladen, zum großen Discoabend und vor allem zur »Bravo«-Wahl der »Mädchen und Jungen des Jahres«.

Um 19.30 Uhr beginnt die »Party des Jahres« im großen Saal des Münchner Löwenbräukellers am Stiglmaierplatz, die Gäste sind zwischen 15 und 18 Jahre alt. Der große historische Festsaal mit seiner bunten holzvertäfelten Decke ist mit 3.000 Teenagern hoffnungslos überfüllt. Eigentlich ist er nur für 2.100 Personen ausgelegt. Aber der Stimmung tut das keinen Abbruch. Viele Jugendliche tanzen auf den Tischen, sind ausgelassen. Für einige ist es die erste Party überhaupt, ohne Eltern. Die Stimmung ist auf dem Höhepunkt, als um 22 Uhr die Musik abrupt abbricht, ohne jede Vorwarnung das Programm endet, die Hallenbeleuchtung angeht. Feierabend. Wie polizeilich verlangt.

Die völlig überdrehten, aufgeputschten und schweißnassen Jugendlichen drängen zum Hauptausgang, wollen ins Freie. Möglichst schnell raus aus der Halle, an die Luft. Da kommt es zur Katastrophe. Die Türen sind noch nicht richtig geöffnet, eine Flügeltür lässt sich nur nach innen aufmachen. Auch die Saalordner sind vom plötzlichen Ende der Veranstaltung überrascht. Zu spät. Die Jugendlichen schieben von hinten, drücken auf die Tür, die fliegt aus den Angeln. Die ersten Kinder stürzen, werden von den Nachdrängenden überlaufen und niedergetrampelt. Alle Notausgänge sind verschlossen. Es gibt kein Zurück und kein Entrinnen.

Die Bilanz dieser verheerenden Nacht im Löwenbräukeller: Zwei tote Mädchen, und 24 schwer verletzte Jugendliche werden in die umliegenden Krankenhäuser gebracht, mit zum Teil furchtbaren Verletzungen, verursacht durch messerscharfe Stöckelschuhe. Die Betreiber des Löwenbräukellers werden später, angeklagt wegen fahrlässiger Tötung und Körperverletzung, freigesprochen.

Die Katastrophe nach der Party

Adresse Nymphenburger Straße 2, 80335 München (Maxvorstadt), Tel. 089/54726690 | **Anfahrt** U 1/7, Tram 20/21, Haltestelle Stiglmaierplatz | **Und heute** Nach wie vor gibt es den Löwenbräukeller am Stiglmaierplatz, grundsaniert nach einem Großbrand 1986.

63 Die Löwengrube

Skurriles aus dem Polizeipräsidium

Das Münchner Polizeipräsidium in der Löwengrube zwischen Marienplatz und Stachus hat als Kommissariat auch Fernsehgeschichte geschrieben. Die zwischen 1911 und 1913 nach den Plänen des Jugendstilarchitekten und Städteplaners Theodor Fischer (1862–1938) errichtete Zentrale der Polizei, gebaut auf dem Gelände eines zuvor abgerissenen Klosters der Augustinerinnen, wurde zum Schauplatz zweier bejubelter TV-Mehrteiler und auf diese Weise einem Millionenpublikum bekannt. Man meinte plötzlich zu wissen, wie es hinter der dunklen Fassade dieses Gebäudemonsters nahe der Frauenkirche aussieht und »zugeht«, ohne es selbst je betreten zu haben.

Die gleichnamige Serie »Löwengrube – Die Grandauers und ihre Zeit« des Drehbuchautors Willy Purucker und der legendäre »Monaco Franze« von Helmut Dietl spielen im Polizeipräsidium und wurden hier teilweise gedreht. Das Präsidium war Arbeitsplatz von Franz Münchinger alias »Monaco Franze«, gespielt von Helmut Fischer. Von hier nahm der »ewige Stenz« seine Ermittlungen auf, die ihn zu seinen ungewöhnlichen Streifzügen durch die Stadt und zu ironisch-köstlichen Eskapaden mit der Damenwelt führten.

Die »Löwengrube« hingegen war eine generationenübergreifende deutsche Familiensaga in 32 Folgen, die zwischen 1897 und 1954 spielte und die große Weltpolitik aus der Sicht zweier Familien im Milieu der »kleinen Leute« über die Jahrzehnte hinweg zeigte. Der Dorfpolizist Ludwig Grandauer, gespielt von Jörg Hube, wird Anfang des 20. Jahrhunderts nach München in die »Löwengrube« versetzt und Kommissar der Münchner Polizei. Seine Familie zieht nach Haidhausen. Und die Löwengrube wird zum Ausgangspunkt zahlreicher Episoden der Familiensaga. Gedreht wurden die Folgen, die ebenso wie der »Monaco Franze« Kultstatus erreichten, zwischen 1987 und 1991. Die »Löwengrube« erhielt 1991 den Bayerischen Fernsehpreis und 1992 den Adolf-Grimme-Preis.

Der »Monaco Franze« wurde auch im Polizeipräsidium gedreht

Adresse Löwengrube 1 beziehungsweise Ettstraße 2, 80333 München (Altstadt) | **Anfahrt** U 3/6, Haltestelle Marienplatz; U 4/5, Haltestelle Karlsplatz (Stachus) | **Und heute** In der Löwengrube beziehungsweise Ettstraße befindet sich nach wie vor Münchens Polizeipräsidium.

64_Die Ludwigstraße

Als die Elefanten in Panik gerieten

Es ist der 31. Juli 1888, ein Sonntag. Die dreitägigen Festivitäten anlässlich der 100. Wiederkehr der Geburt König Ludwigs I. steuern ihrem Höhepunkt entgegen. Zehntausende Münchner und Gäste aus dem ganzen Land stehen in freudiger Erwartung dicht gedrängt entlang der Ludwigstraße, dem Odeons- und dem Residenzplatz vor dem Nationaltheater. Viele haben Stühle und Leitern mitgebracht, um besser sehen zu können. Der von ausgesuchten Münchner Künstlern und Architekten choreografierte Umzug, vorbei an der Königsloge mit Prinzregent Luitpold, spiegelt ein buntes Kaleidoskop bayerischer Geschichte und der Münchner Künste wider. Der Tross umfasst einige tausend Teilnehmer. Geschmückte Reiter und Regimenter, Musikkorps, Wagen und Gruppen, die in schillernder Aufmachung die Künste, die Wissenschaften, aber auch die Berufsstände präsentieren. Auch der auf der Theresienwiese gastierende Zirkus Hagenbeck hat eine Abordnung geschickt: acht ausgewachsene indische Elefanten und Kamele mit arabischen Reitern.

Um 10 Uhr erreicht der einige Kilometer lange Zug den Odeonsplatz. Eine knappe Stunde später ist der Zug mit den Elefanten auf der Ludwigstraße zurück in Richtung Siegestor, als er die erst jetzt auf den Odeonsplatz zurollenden Berufsstände passiert. Und da geschieht es. Ein riesiger, auf eine Lokomotive aufgesetzter Dampfdrache der Eisenindustrie faucht, zischt und speit Feuer. Die Elefanten geraten kurz nach dem Defilee vor dem Prinzregenten in der Ludwigstraße in Panik, reißen sich los, rennen erst in die Fürstenstraße, über den Wittelsbacherplatz und schließlich in die Menschenmenge auf dem Residenzplatz. Tausende Menschen flüchten in Panik, Hunderte liegen am Boden, andere schlagen mit allem, was sie haben, selbst mit Regenschirmen, auf die Elefanten ein. Die aufgewühlten Tiere trampeln trompetend alles nieder, was ihnen im Weg steht. Die Bilanz: vier Tote und Dutzende Verletzte: Und ein unübersehbares Schlachtfeld voller exotischer Devotionalien.

Die »Elefanten-Katastrophe« beim Festzug der Centenarfeier 1888

Adresse Ludwigstraße, Ecke Von-der-Tann-Straße, 80539 München (Maxvorstadt) | Anfahrt U 3/4/5/6, Haltestelle Odeonsplatz | Und heute Die zwischen Feldherrnhalle und Siegestor gelegene Ludwigstraße ist eine der sehenswerten Prachtstraßen Münchens.

65 Der Maderbräu

Als den Münchnern der Bierpreis zu dumm wurde

Es ist der 1. Mai 1844. Während viele Münchner gebannt zur Residenz schauen, wo sich der europäische Hochadel anlässlich der Hochzeit von Erzherzog Albrecht von Österreich und der Prinzessin Hildegard von Bayern, einer Tochter Ludwigs I., versammelt hat, um tagelang ausschweifend zu feiern, braut sich in München ein Sturm der besonderen Art zusammen. Seit Wochen steigen die Preise für Lebensmittel, was besonders die Arbeiter, Soldaten und kleinen Leute in Not bringt.

Beim Maderbräu im Tal, dem Weissen Bräuhaus, sitzen wie an jedem Abend die Menschen beim Dämmerschoppen. Das einzige Thema: die ständige Erhöhung des Bierpreises. Über fünf Kreuzer soll die Maß jetzt kosten, eine Schallgrenze für die fröhlichen Zecher. Das hat König Ludwig I. höchstpersönlich angeordnet. Die Stimmung schaukelt sich hoch, und plötzlich fliegen die ersten steinernen Maßkrüge, Fenster gehen zu Bruch, Türstöcke werden aus den Angeln gerissen, das Mobiliar zu Kleinholz geschlagen. Die anrückende Polizei ist heillos überfordert. Der Funke springt auf immer mehr Menschen über. Rund 2.000 Bürger ziehen zu den benachbarten Brauhäusern, die ebenfalls den Bierpreis erhöht haben, stürmen die Räume und schlagen alles kurz und klein. So ergeht es auch dem »Pschorrbräu« in der Neuhauser Straße, wo selbst vor den privaten Räumen der Familie Pschorr nicht haltgemacht wird, die sich vor der aufgebrachten Menge nur mit Mühe in Sicherheit bringen kann. Pflaster werden aufgerissen, Steine fliegen. Die Tumulte sind nicht mehr zu stoppen, die aufgebrachte Menge zieht durch die Stadt. Nur diejenigen Brauer, die beim alten Preis geblieben sind, werden verschont. Als das Militär eintrifft, liegen die meisten Brauhäuser schon in Trümmern. Und: Das Militär verweigert es, gegen die Protestanten vorzugehen. Die »Münchner Bierrevolution« dauert drei Tage. Dann wird die Bierpreiserhöhung durch den König zurückgenommen.

Die Schlacht um den Bierpreis

Adresse Tal 7, 80331 München (Altstadt) | **Anfahrt** U 3/6, Haltestelle Marienplatz | **Und heute** Das Weiße Bräuhaus gehört zu den etablierten Adressen der Stadt.

66 Die Manege

Die Beatles im Circus Krone

24. Juni 1966. Der Münchner Circus-Krone-Bau am späten Freitagnachmittag. 3.000 Münchner Teenies drängeln sich seit Stunden vor der nach heutigen Maßstäben eher winzigen Bühne am Ende der Manege. Dann sind sie da: John, George, Paul und Ringo. Die erfolgreichste und populärste Band der Welt. Um 17.15 Uhr betreten die Beatles mit ihren Instrumenten die Bühne, das Publikum kreischt und gerät aus dem Häuschen, wie überall weltweit, wo die vier Liverpooler auftreten. Die Fab Four, wie sie genannt werden, rücken die wackeligen Mikrofone zurecht, regeln den Lautstärkepegel und legen los: »Rock and Roll Music«, »She's a Woman«, »Paperback Writer«, »I'm down«. Das Publikum steht direkt vor der Bühne, die Stars sind zum Greifen nahe. Nur eine halbe Stunde dauert dieses erste Tournee-Konzert auf deutschem Boden, dann verneigen sich die Beatles, winken ins Publikum und verlassen die Bühne. Keine Zugabe. Weg sind sie. Um 21 Uhr gibt es ein zweites Konzert. Die gleichen Songs, 30 Minuten und Fans, die diesen Auftritt zeitlebens nicht vergessen werden. Schon der Vortag hatte Tausende elektrisiert, als sich die Beatles, von London kommend, nach ihrer Ankunft in München am Fenster des dritten Stocks des Bayerischen Hofes gezeigt hatten. Beatlemania an der Isar.

Am nächsten Morgen reist die britische Ausnahmegruppe in einem Sonderzug, den auch schon die Queen bei ihrem Staatsbesuch benutzt hatte, nach Mülheim an der Ruhr. Von da geht es in einem Autokorso nach Essen. In der Grugahalle geben sie zwei weitere Konzerte, ebenso einen Tag später in Hamburg. Die Jugendzeitschrift »Bravo« hatte die Tournee als »Bravo-Beatles-Blitztournee« organisiert und gesponsert. Insgesamt 18 Sonderzüge fuhren aus allen Teilen Deutschlands für dieses Wochenende die drei Städte an. Was niemand wusste: Diese Tournee sollte die einzige bleiben, die die Beatles je nach Deutschland führte. Zwei Monate nach München gab die Band ihr letztes Livekonzert überhaupt, in San Francisco.

Die Beatles im Circus Krone 1966

Adresse Zirkus-Krone-Straße, Ecke Marsstraße 43, 80335 München (Maxvorstadt), Tel. 089/5458000 | Anfahrt S1–8, Tram 16/17, Haltestelle Hackerbrücke | Und heute Die Programme des Circus Krone sind sehenswert. Und immer wieder gibt es Events in der Manege.

67 Die Maschinenfabrik

Die Maffei'schen Lokomotiven am Englischen Garten

Wo heute Wiesen und üppige Baumformationen stehen und Bäche den Garten durchziehen, am östlichen Rand des Parks unterhalb der Gastwirtschaft Hirschau, befand sich bis 1933 eine riesige Fabrik, an die heute nur noch das 1899 errichtete Tivoli-Kraftwerk erinnert: die 1841 entstandene Lokomotivenfabrik Maffei.

1838 erwarb der Münchner Industrielle Joseph Anton von Maffei die kleine, bereits seit 1814 bestehende Eisenschmiede Lindauer am Eisbach. Maffei hatte erkannt, wie rasant die Erfindung der Eisenbahn die Welt verändern und für einen industriellen Aufschwung sorgen würde, seit nur drei Jahre zuvor die Fahrt der ersten Eisenbahn von Nürnberg nach Fürth für eine Revolution gesorgt hatte. 1841 verließ die erste in Bayern gefertigte Lokomotive das Maffeiwerk in der Hirschau, damals noch weitab von der Stadt gelegen. Die von König Ludwig I. auf den Namen »Der Münchner« getaufte Lok startete zur Probefahrt auf der Strecke München–Augsburg. Dann der erste Großauftrag: acht Lokomotiven des Typs »Bavaria«. 1845 beschäftigte die Maffei'sche Fabrik 500 Arbeiter und war Münchens wichtigster Industriebetrieb. Bereits 1839 hatte ein findiger Wirt die Idee, in der Hirschau ein Lokal für die Arbeiter der Fabrik zu eröffnen, das sich nach und nach zum Ausflugslokal entwickelte: die Gaststätte Hirschau. Denn Maffei wurde immer größer, expandierte in neue Bereiche: Dampfschiffe, Dampfwalzen und Zugmaschinen. Bis 1930 wurden rund 5.500 Dampf- und Elektrolokomotiven in der Hirschau produziert.

Nach den Verwerfungen der Weltwirtschaftskrise ging das Maffei-Werk 1930 in Konkurs und wurde ein Jahr später vom 1860 in Allach gegründeten Konkurrenten Krauss & Co. übernommen. 1933 wurde die gesamte Produktion nach Allach verlegt, die Werksanlagen in der Hirschau wurden abgerissen. Zehn Jahre später erwarb der Bayerische Staat das 30 Hektar große Fabrikareal, 1952 wurde es Teil des Englischen Gartens.

Arbeiter vor der Maffei'schen Lokomotivenfabrik

Adresse Gyßlingstraße 12, 80805 München (Schwabing) | **Anfahrt** U3, Haltestelle Dietlindenstraße; Auto: Parkplatz Hirschau, am Tivolikiosk Richtung Isar gehen | **Und heute** Das 1895 von der Maffei'schen Lokomotivenfabrik für den eigenen Stromverbrauch gebaute Tivoli-Kraftwerk in der Hirschau ist heute noch in Betrieb.

68 Die Münchner Freiheit

Zu Ehren der Freiheitsaktion Bayern

April 1945. Der Krieg ist verloren. Die Amerikaner rücken auf München vor. Aber noch ist die Stadt in der Hand der NS-Führung, und Gauleiter und Reichsverteidigungskommissar Paul Giesler ist fest entschlossen, München bis zum »letzten Atemzug« zu verteidigen und alle Brücken und sämtliche Versorgungsanlagen sprengen zu lassen. Alles ist dafür vorbereitet.

Da entschließt sich eine Gruppe um Hauptmann Rupprecht Gerngroß (1915–1996), dem Chef der Dolmetscherkompanie, zum Widerstand. Die Männer, allesamt aus dem konservativen Milieu, nennen sich »Freiheitsaktion Bayern« und planen mit den ihnen unterstellten Soldaten die Absetzung der politischen und militärischen Führung in München und Oberbayern, um die Stadt kampflos den amerikanischen Soldaten zu übergeben. Der zur Gruppe gehörende Major Günther Caracciola-Delbrück, Verbindungsoffizier zur Wehrmacht und Vertrauter des NS-Reichsstatthalters Ritter von Epp, kann diesen dazu überreden, den Amerikanern die Kapitulation anzubieten.

400 Soldaten stehen bereit, um Paul Giesler in dessen Quartier zu verhaften. Sie besetzen in der Nacht zum 28. April 1945 die Rundfunksender in Freimann und Erding. Rupprecht Gerngroß erklärt über den Rundfunk die Führung in München und Bayern für abgesetzt, ruft die Soldaten auf, die Waffen niederzulegen, und verlangt die »Beseitigung des Militarismus«. Da springt Ritter von Epp, der »alte Kämpfer« der NSDAP, ab. Giesler und eine SS-Einheit nehmen am 28. und 29. April blutige Rache. Major Caracciola-Delbrück und andere Mitglieder der »Freiheitsaktion Bayern« werden im »Zentralministerium« in der Ludwigstraße, dem heutigen Bayerischen Landwirtschaftsministerium, standrechtlich erschossen, rund 50 weitere Personen aus dem Umfeld der Gruppe durch die SS ermordet. Dann setzen sich Giesler und seine Getreuen ab. Rupprecht Gerngroß kann sich retten. Dank der »Freiheitsaktion Bayern« konnte München vor weiterer Zerstörung bewahrt werden.

Rupprecht Gerngroß am Mikrofon des Reichssenders München

Adresse Münchner Freiheit, 80802 München (Schwabing) | Anfahrt U3/6, Haltestelle Münchner Freiheit | Und heute 1947 wurde der frühere Feilitzschplatz im Gedenken an die »Freiheitsaktion Bayern« in »Münchner Freiheit« umbenannt. Und es gibt eine Gedenktafel im Bayerischen Landwirtschaftsministerium.

69 Das Musicaltheater

»Hair« im Theater an der Brienner Straße

Als es am 24. Oktober 1968 im Theater an der Brienner Straße, einer 1955 zum Musicaltheater umgebauten Hinterhofturnhalle im Haus des Sports, zur Deutschlandpremiere des Musicals »Hair« kommt, sehen die Münchner Ordnungshüter rot. Dass sich die Schauspieler des bereits am New Yorker Broadway und in London Triumphe feiernden Musicals auf der Bühne nackt ausziehen, übersteigt ihr Fassungsvermögen. »Geschlechtsbezogene Vorgänge und unzüchtige Texte sind aus dem Hippiestück zu entfernen«, bescheidet das Amt für öffentliche Ordnung dem Regisseur und Produzenten. Der Nacktauftritt und unzüchtige Texte sollen gestrichen werden. Die Folge sind bundesweite Schlagzeilen, die das Musical schon vor der Premiere zum spektakulären Erfolg machen.

Was das Premierenpublikum dann vor den Augen einiger Richter zu sehen bekommt, wird begeistert gefeiert und ist auch vom repressivsten Amt nicht mehr zu stoppen. Vorsichtige Interventionsversuche seitens der Staatsanwaltschaft geraten zur Posse. »Hair« wird ein Triumph und zum jahrelangen Kassenmagneten, Songs wie »Aquarius«, »Hair« oder »Let the Sunshine In« werden zu Hymnen, die Schauspieler Ron Williams, Reiner Schöne und vor allem Donna Summer zu Stars.

»Hair« bringt den Generationenkonflikt, den Protest der Jugend gegen die Erwachsenen, gegen Krieg, Konsumdenken und autoritäre Strukturen, für sexuelle Freizügigkeit und Drogen auf die Bühne. Die USA befinden sich im Vietnamkrieg, Hunderttausende protestieren dagegen in New York. Die amerikanische Bürgerrechtsbewegung marschiert mit Martin Luther King an der Spitze friedlich auf Washington. In Paris toben die Maiunruhen, Studentenproteste gegen die herrschenden Verhältnisse und das Establishment auch in Deutschland. Das Musical der Hippiebewegung zeigt den Gegenentwurf einer ganzen Generation, vermittelt ein völlig neues Lebensgefühl: »Make Love not War« – und gilt als Meilenstein der Popkultur.

Deutschlandpremiere des Musicals »Hair«

Adresse Brienner Straße 50, 80333 München (Maxvorstadt), Tel. 089/523550 | **Anfahrt** U1, Haltestelle Stiglmaierplatz; U2, Haltestelle Königsplatz; Tram 20/21, Haltestelle Stiglmaierplatz | **Und heute** Seit 1983 residiert im einstigen Theater an der Brienner Straße das Münchner Volkstheater.

70__Die Musicland Studios

Giorgio Moroder produzierte Welthits im Arabellapark

Wer kann sich denn ernsthaft daran erinnern, dass die Rolling Stones in München 1974 ihr »It's only Rock 'n' Roll« und das Album »Black and Blue« aufgenommen haben, dass Freddy Mercury mit seiner Band Queen ein halbes Dutzend Platten an der Isar produzierte, Led Zeppelin, Deep Purple oder Uriah Heep nach München kamen, um im Arabellapark ihre neuesten Werke aufzunehmen. In München wurden in den 1970er Jahren Dutzende Welthits kreiert. Dafür standen die Musicland Studios des 1940 in Südtirol geborenen Produzenten Giorgio Moroder im Arabellapark, genauer im Arabella-Haus, dem heutigen Sheraton München Arabellapark Hotel.

Eines der besten »Pferde« im Stall Moroders war die für das Musical »Hair« nach Deutschland gekommene Sängerin Donna Summer. Mit ihr kreierte Moroder Welthits wie »Lady of the Night« und »Love to Love You Baby«, die den Grundstock zum legendären Munich-Sound legten, der schließlich die weltweite Disco-Ära bestimmte: einen Synthesizer-Sound mit wenig Text und immer heftigen, wiederkehrenden Beats. München avancierte für ein Jahrzehnt zum Mekka der Popwelt. Da war es keineswegs ungewöhnlich, Mick Jagger morgens joggend im Englischen Garten anzutreffen oder Keith Richards abends im P1, Freddy Mercury sich amüsierend in der Deutschen Eiche zu erleben oder Donna Summer nachts tanzend im Sugar Shake.

Bis Mitte der 1980er Jahre gaben die Musicland Studios den internationalen Ton an. Dann war Schluss. Giorgio Moroder hatte es längst nach Los Angeles gezogen, die Nachfrage nach Münchner Studios stagnierte, nicht zuletzt, weil die Studiomieten ins Unermessliche stiegen. Letztendlich ausschlaggebend für das Ende der Musicland Studios aber war der Bau der U-Bahn zum Arabellapark. Die unterirdische Trasse entstand in unmittelbarer Nachbarschaft zu den Musikstudios, sodass ständige Vibrationen und Schwingungen hochwertige Aufnahmen nicht mehr zuließen.

Giorgio Moroder im Studio Anfang der 1980er Jahre

Adresse Arabellastraße 5, 81925 München (Bogenhausen), Tel. 089/92320 | **Anfahrt** U 4, Bus 144, 187, 188, Haltestelle Richard-Strauss-Straße | **Und heute** Die Studioräume gehören heute zum Sheraton München Arabellapark Hotel.

71_Das Nationaltheater

Gaffen statt Löschen beim verheerenden Großbrand

Es ist der 14. Januar 1823, ein eiskalter Dienstag, und die Nacht verspricht weitere Minusgrade. Das Königliche Hoftheater ist bis auf den letzten Platz gefüllt. Auf dem Programm steht die komische Oper »Die beiden Füchse« des zeitgenössischen französischen Komponisten Étienne-Nicolas Méhul, ein Singspiel in zwei Akten. Beginn 18 Uhr, voraussichtliches Ende 21 Uhr. Es ist etwa halb acht, als einige Zuschauer am Ende der großen Bühne einen hellen Schein bemerken, der offensichtlich mit der Inszenierung nichts zu tun hat. Teile der im Hintergrund hängenden Dekoration haben sich elektrisch entzündet, kokeln vor sich hin. Feuer! Und plötzlich stehen Teile der Bühne in Flammen. Nach anfänglichem ungläubigen Zaudern stürzt das Publikum panikhaft ins Freie, die Münchner Gesellschaft in ihrer Abendgarderobe, Schauspieler und Sänger in Kostümen. Während noch die letzten Besucher aus dem Parterre drängeln, ist draußen schon die lodernde und funkensprühende Feuersbrunst weithin sichtbar.

Dabei gilt das neue, von Karl Fischer konzipierte, gerade einmal fünf Jahre alte Nationaltheater als äußerst brandgeschützt. Doch nicht in dieser Nacht. Die modernen Löschanlagen geben wegen zugefrorener Leitungen kein Wasser frei. Die Feuerwehr steht machtlos vor den sich rasend schnell ausbreitenden Flammen. Krachend stürzt das hohe Theaterdach mit seiner komplizierten Theatertechnik in das Innere des Gebäudes. Der König steht fassungslos auf dem Balkon der Residenz, verlangt, dass die gaffende Menge bei den Löscharbeiten anpackt. Aber es gibt kein Wasser. Da verfügt Max I., alle Bierfässer des nahen Hofbräuhauses zu beschlagnahmen und herbeizuschaffen, um die Flammen mit Bier zu löschen. Aber das sind Tropfen in die heiße Glut. Das Königliche Hof- und Nationaltheater brennt bis zur Ruine aus. Doch schon am 2. Januar 1825 wird die Oper nach Plänen Leo von Klenzes wiedereröffnet, teilfinanziert durch eine vom König erlassene Biersteuer.

Der Großbrand 1823

Adresse Max-Joseph-Platz 2, 80539 München, Tel. 089/21851025 | **Anfahrt** U 3/4/5/6, Haltestelle Odeonsplatz; Tram 19, Haltestelle Max-Joseph-Platz | **Und heute** Das Nationaltheater wurde nach der fast völligen Zerstörung bei einem Bombenangriff am 3. Oktober 1943 zwischen 1958 und 1963 originalgetreu wiederaufgebaut.

72 Die Neue Musik-Festhalle

Gustav Mahlers »Symphonie der Tausend«

Am 12. September 1910 kam es in München zu einem kulturellen Großereignis, wie es die Stadt zuvor noch nicht erlebt hatte. In der Neuen Musik-Festhalle des Ausstellungsparks an der Theresienhöhe wurde die »Symphonie der Tausend« des österreichischen Komponisten Gustav Mahler (1860–1911) uraufgeführt, die Symphonie, die schließlich als Mahlers Achte in die Musikgeschichte eingehen sollte. Eine Premiere mit 1.030 musikalischen Mitwirkenden, das hatte es bisher noch nie gegeben. Und am Dirigentenpult stand der Maestro und Komponist höchstpersönlich. München fieberte seit Wochen diesem Datum entgegen.

Proben in Wien und Leipzig waren dem Musikspektakel vorausgegangen, jetzt war Mahler höchstpersönlich seit Tagen in München mit dem Endschliff seines gewaltigen Opus beschäftigt. Über 1.000 Künstler mussten eingestimmt werden, musikalisch koordiniert für dieses anspruchsvolle Musikwerk. 858 Sänger in drei Chören, davon je 250 aus Wien und Leipzig, 350 Kinder der Städtischen Musik- und Singschule München. Um 170 Instrumentalisten wurden die Münchner Symphoniker aufgestockt. Dazu acht hochkarätige Gesangssolisten und die mächtige Orgel. Über den Proben-Countdown an der Theresienhöhe wurde täglich berichtet.

»Denken Sie sich, daß das Universum zu tönen und zu klingen beginnt«, meinte Mahler im Vorfeld. Und so muss es den 3.000 Premierengästen, die unter großer Anteilnahme der Münchner Bevölkerung in der Neuen Musik-Festhalle erschienen, ergangen sein, darunter die Komponisten Arnold Schönberg, Anton Webern, Richard Strauss und die Schriftsteller Stefan Zweig und Thomas Mann. Als Gustav Mahler am Dirigentenpult erschien, erhob sich das Publikum. Atemlose Stille. Dann der mächtige Eingangshymnus »Veni Creator Spiritus«. Das Publikum war außer sich. Die Aufführung wurde ein triumphaler Erfolg, der frenetische Applaus dauerte nahezu 30 Minuten.

Die »Symphonie der Tausend« in der Musik-Festhalle des Ausstellungsparks

Adresse Am Bavariapark 5, 80339 München (Schwanthalerhöhe) | **Anfahrt** U 4/5, Haltestelle Schwanthalerhöhe; Bus 134, Haltestelle Theresienhöhe | **Und heute** Die Halle I des Verkehrszentrums des Deutschen Museums im Bavariapark an der Theresienhöhe wurde ursprünglich als Neue Musik-Festhalle errichtet.

73 Die Nobelboutique

Die Wirkungsstätte des Rudolph Moshammer

Die Maximilianstraße 14 galt in der Münchner Modewelt jahrzehntelang als erste Adresse. Schräg, ausgefallen, teuer. Hier hielt Münchens Modedesigner Rudolph Moshammer (1940–2005) seit 1968 in seiner Boutique »Carnaval de Venise« Hof. Und mit ihm seine 1993 verstorbene Mutter Else und stets ein Hündchen, das auf den Namen »Daisy« hörte. Vier solcher Yorkshireterrier mit den stets rosa eingeflochtenen Schleifchen auf dem Kopf hatte es gegeben, und Irina de Pittacus, die letzte »Daisy«, hatte es durch zahlreiche öffentliche Auftritte in den Armen des exzentrischen Herrchens zu Ruhm gebracht. Das Schoßhündchen war das Markenzeichen des schrillen Modemachers, der in seinem Auftreten mit mächtiger schwarz schimmernder Wuchtfrisur immer ein wenig seinem Idol König Ludwig II. nacheiferte. Die Münchner liebten die Marotten ihres »Mosi«, der sich täglich in einem weißen Rolls-Royce an seine Wirkungsstätte chauffieren ließ. Wenn die Touristen ihre Nase dicht an die Schaufensterscheibe drückten, konnten sie den Modezar beim Maßnehmen bei seiner gut betuchten Klientel beobachten. Oft kläffte Daisy aus dem Schaufenster heraus, während Herrchen mit Seide und Kaschmir hantierte.

Wie populär der in einfachen Verhältnissen aufgewachsene Modemacher war, der stets ein Herz für die Münchner Obdachlosen hatte, wurde erst nach seiner Ermordung 2005 so richtig deutlich. Im Anschluss an die Trauerfeier in der Allerheiligen-Hofkirche standen Tausende Münchner entlang der Maximilianstraße Spalier, als der Sarg durch die Innenstadt gefahren wurde, weinten, trauerten. Live im Fernsehen, wie bei einem Staatsbegräbnis. Ein Blumen- und Kerzenmeer tat sich vor der Boutique »Carnaval de Venise« auf, nachdem der Mord an Moshammer bekannt geworden war, erdrosselt durch einen Sexualpartner. Begraben wurde Rudolph Moshammer im Familienmausoleum auf dem Ostfriedhof – neben Mutter Else.

Rudolph Moshammer und seine »Daisy« 2004

Adresse Maximilianstraße 14, 80539 München (Altstadt) | Anfahrt U 3/4/5/6, Haltestelle Odeonsplatz | Und heute Eine Marmortafel erinnert an »Mosi« und seine Boutique in der Maximilianstraße, heute ein Fachgeschäft für Schweizer Uhren.

74_Der Nockherberg

Starkbierausschank und »Salvatorschlacht«

Wenn »der Berg ruft«, schlagen die Uhren in München anders. Dann wird die fünfte Jahreszeit eingeläutet, die Fastenzeit durch die Einnahme »flüssigen Brotes« geschickt unterlaufen. Ganz in gut katholischer Tradition, seitdem die Paulaner-Mönche im Kloster Neudeck ob der Au ab 1634 ihr starkes dunkles Bier »zur eigenen Hausnothdurft« brauten, um der kargen Fastenkost Substanz zu geben. Zum Eigenverbrauch kam der Klosterausschank und ab 1780 die Erlaubnis zum unbeschränkten, steuerbefreiten Bierverkauf durch Kurfürst Karl Theodor. Zu Ehren des heiligen Franz von Paola, des Gründers des gestrengen Paulaner-Ordens, kamen an jedem 2. April der Kurfürst und sein Gefolge in die Au. Nach dem Besuch des Hochamtes sprachen sie vor allem dem starken Sankt-Vater-Bier des Mönchs und Braumeisters Barnabas zu, das schließlich »Salvator« genannt wurde.

Die Säkularisation führte zur Auflösung des Klosters, das Brauhaus kam unter staatliche Kontrolle und ging 1813 in den Besitz des Bierbrauers Franz Xaver Zacherl über. Der kaufte die Sommerresidenz des Bankiers Nockher, errichtete mit dem »Zacherl-Keller« das heutige »Paulaner« und zog im Rahmen eines Volksfestes auf den Nockherberg. Das Ordensdatum wurde auf den Josephstag vorverlegt. Seither findet auf der Hangkante des Isarhochufers alljährlich am 19. März mit dem Politiker-Derblecken der Starkbieranstich statt und läutet die 17 Tage andauernde, eigentlich friedliche Starkbierzeit ein. Aber das war nicht immer so.

Der 23. März 1888 sollte Nockherberg-Geschichte schreiben. Alles begann am Nachmittag mit einer kleinen Rauferei und endete in der »Salvatorschlacht«. Der hohe Bierpreis dürfte der Auslöser für eine bisher nie gekannte Massenschlägerei gewesen sein, in die 4.000 Menschen verwickelt waren und die erst im Morgengrauen durch eine von der örtlichen Gendarmerie zu Hilfe gerufene 50 Mann starke Kompanie der Schweren Reiter beendet werden konnte: Die stürmten mit blanken Säbeln hoch zu Ross die Bierhalle.

Salvatoranstich 1903

Adresse Paulaner am Nockherberg, Hochstraße 77, 81541 München (Au) | Anfahrt U 1/2, Haltestelle Kolumbusplatz; Tram 17, Bus 52, Haltestelle Mariahilfplatz | Und heute Nach einem Großbrand im Jahr 1999 wurde der Paulaner-Festsaal wieder aufgebaut. Die alten Rituale zu Beginn der Starkbierzeit sind geblieben.

75_Der Obelisk

Napoleon, München und die Bayern

Es hatte einen Geheimvertrag gegeben zwischen dem napoleonischen Frankreich und dem Kurfürstentum Bayern, ausgehandelt am 25. August 1805 durch Maximilian Graf Montgelas, den mächtigen bayerischen Minister zu Beginn des 19. Jahrhunderts. Ein Vertrag, der München lange an Paris binden, aber auch die angestrebte Vorherrschaft Österreichs über Bayern verhindern sollte. Mehr noch: Nach der Befreiung Bayerns und Münchens von den österreichischen Besatzern erklärte Napoleon, der am 24. Oktober 1805 triumphal in München eingezogen war, Bayern zum Königreich und ließ den Wittelsbacher Kurfürsten am 1. Januar 1806 zum König Max I. Joseph von Bayern krönen. Der Preis: In der Außenpolitik war Bayern in den folgenden Jahren auf Gedeih und Verderb an Frankreich gebunden. So musste München für die immer expansiveren Eroberungsfeldzüge Napoleons große Kontingente an Soldaten stellen. Mit verheerenden Folgen. Als der Franzose 1812 gegen Russland marschierte, starben in den Schlachten 30.000 bayerische Soldaten, weniger als 3.000 kehrten in die Heimat zurück. Bayern wechselte politisch die Seiten, schloss sich 1813 der Allianz mit Österreich und Preußen an und erklärte Frankreich den Krieg. Der bayerische General Carl Philipp von Wrede, der schon die bayerischen Truppen an der Seite Napoleons befehligt hatte, kämpfte nun in den »Befreiungskriegen« gegen den alten Verbündeten.

Am 18. Oktober 1833 wurde anlässlich der 20. Wiederkehr der Völkerschlacht von Leipzig, in der Napoleon und die Franzosen entscheidend besiegt werden konnten, der 29 Meter hohe Obelisk in der Mitte des Karolinenplatzes von Ludwig I. feierlich enthüllt. Das nach Plänen von Leo von Klenze entworfene Monument gedenkt der 30.000 Gefallenen. Die den Karolinenplatz kreuzenden Straßen, die Brienner und die Barer Straße, wurden nach Orten der Befreiungskriege gegen Napoleon zwischen 1813 und 1815 benannt, an denen auch bayerische Soldaten gekämpft hatten.

Der Karolinenplatz um 1890

Adresse Karolinenplatz, 80333 München (Maxvorstadt) | **Anfahrt** U 2, Haltestelle Königsplatz; Tram 27/28, Haltestelle Karolinenplatz | **Und heute** Auf einer der Bronzeplatten am Marmorsockel des Obelisken steht: »Den dreyssig tausend Bayern, die im russischen Krieg den Tod fanden«.

76 Das Odeon

König Ludwigs Konzertsaal der Extraklasse

Die Akustik im Odeon galt als die beste aller Münchner Konzerthäuser und ist für viele Experten bis heute unerreicht. Das war auch ein Grund, weshalb es nach der kriegsbedingten Zerstörung des Odeons 1944 immer wieder Initiativen gab, diesen bei den Münchner Musikkennern so beliebten Konzertsaal zu reanimieren. Es kam anders. 1951 baute der Architekt Josef Wiedemann in die von den Bomben weitgehend verschonte Außenfassade und dessen originalgetreue Rekonstruktion Büroetagen, in die das Bayerische Innenministerium einzog. Der ehemalige Konzertsaal wurde zum Innenhof des Gebäudes, die übereinandergestellten Säulenreihen weisen auf die frühere Funktion als Konzertsaal im ersten Stock hin. 2007 wurde der Innenraum mit einer Stahl-Glas-Konstruktion überzogen. So lässt sich der alte, jetzt wieder geschlossene »Konzertsaal« mit ein wenig Phantasie nachempfinden. Denn Leo von Klenze hatte ganze Arbeit geleistet.

Der Stararchitekt hatte durch Ludwig I. den Auftrag bekommen, möglichst rasch einen Konzertsaal neben der Theatinerkirche zu errichten. Nach nur zwei Jahren Planungs- und Bauzeit wurde das Odeon 1828 feierlich eröffnet. Von außen freilich ließ sich das Gebäude nicht als Musikhalle ausmachen. Das hatte seinen Grund: Ludwig I. verband mit dem Auftrag an den Baumeister die Bedingung, ein spiegelbildliches Pendant zum Palais Leuchtenberg zu errichten. Die Architektur hatte sich dem Platzensemble unterzuordnen.

Der 34 Meter lange, 22 Meter breite und 17 Meter hohe Konzertsaal mit zwei übereinander platzierten Säulenreihen und umgeben von Büsten großer Komponisten galt als der letzte Schrei eines klassizistischen Konzert- und Ballsaales. Das Orchester saß in einer seitlich angelegten, halbkreisförmigen Nische. Knapp 1.500 Sitzplätze fasste das Odeon, in dem ab 1846 auch das Konservatorium für Musik, die spätere Königliche Akademie der Tonkunst, untergebracht war, aus der schließlich die Hochschule für Musik und Theater hervorgehen sollte.

Das kriegszerstörte Odeon

Adresse Odeonsplatz 3, 80539 München (Altstadt) | Anfahrt U 3/4/5/6, Bus 100 (Museumslinie), Haltestelle Odeonsplatz | Und heute Seit 1952 befindet sich in dem Gebäude das Bayerische Innenministerium.

77_Der Olympiapark

Die Stadt und die Olympischen Spiele

Auf den Trümmern des Zweiten Weltkriegs, aufgetürmt zu Hügeln aus zehn Millionen Kubikmetern Schutt, entstand in vierjähriger Bauzeit zwischen 1968 und 1972 das Olympiagelände, das als architektonische Meisterleistung Furore machte, München einen nie da gewesenen Innovationsschub verlieh und die Bundesrepublik Deutschland der Welt, nach Nazidiktatur, Militarismus und Weltkrieg, modern und weltoffen präsentierte.

Stadt und Land hatten auf dieses Datum hingefiebert. Der 26. August 1972 machte München für zwei Wochen zum absoluten Mittelpunkt der Welt. Sportlich, denn an diesem Tag begannen die XX. Olympischen Sommerspiele mit einer fulminanten Eröffnungsfeier und dem Einzug von knapp 7.200 Athleten aus 122 Nationen, so viele wie noch bei keinen Spielen zuvor. Politisch, weil erstmals zwei deutsche Mannschaften ins Olympiastadion einzogen, die der DDR und der BRD, und weil der elfte Tag der Spiele in einem Blutbad enden und Olympia konterkarieren sollte.

Die Entscheidung für München als Austragungsort der Spiele war im April 1966 gefallen, gegen die Mitbewerber Montreal, Madrid und Detroit. Vielleicht war es die beeindruckende Rede des damaligen Münchner Oberbürgermeisters Hans-Jochen Vogel, frei und in Englisch, die den Ausschlag gab. Heitere Spiele versprach er, kurze Wege und nie gesehene Sportstätten. Das war die Geburtsstunde des Olympiaparks, in dem die Bauten von einem gigantischen und dennoch leicht und beschwingt anmutenden Zeltdach überzogen wurden. Im Grünen gelegen, rund um einen See mit Theater und Restaurants sowie einer Spielstraße durch die Hügellandschaft der einstigen Schuttberge. Das war der große Wurf des Stuttgarter Architektenbüros Günter Behnisch und Partner, das für das Gesamtprojekt Olympiapark verantwortlich zeichnete. Und damit wurde die Stadt München zum entscheidenden Gewinner der Olympischen Spiele 1972.

Deutschlands größte Baustelle – das Olympiagelände 1970

Adresse Spiridon-Louis-Ring 21, 80809 München (Milbertshofen) | **Anfahrt** U 2/3, Haltestelle Olympiazentrum | **Und heute** Das Olympiastadion mit seinem Zeltdach sowie der gesamte Olympiapark sind nach wie vor eine große Attraktion.

78_Das Olympische Dorf

Das Attentat auf die israelische Mannschaft

Es ist der 5. September 1972. Das Olympische Dorf liegt noch im Tiefschlaf. Langsam geht die Sonne auf. Es verspricht wieder ein herrlicher Olympiatag zu werden. Doch dann, im Morgengrauen, huschen vermummte und schwer bewaffnete Männer durch die kleinen Straßen des Dorfes. Minuten später stürmt das Kommando »Schwarzer September«, wie es sich später nennt, das Quartier der israelischen Olympiamannschaft in der Connollystraße. Sie überwältigen die schlafenden Sportler, töten zwei von ihnen, nehmen neun als Geiseln. Nur wenige Sportler können entkommen, durch waghalsige Sprünge vom Balkon und aus dem Fenster. Ein terroristischer Überfall mit Geiselnahme auf die israelische Mannschaft – auf deutschem Boden. Eine Katastrophe.

Alle sportlichen Veranstaltungen des Tages werden abgesagt, Hunderte Journalisten drängen sich an den Eingängen zum Olympischen Dorf, ein hochkarätig besetzter Krisenstab tritt zusammen, die ganze Welt schaut auf München. Es wird fieberhaft verhandelt, bis in den späten Abend. Immer wieder zeigen sich die Terroristen auf dem Balkon. Alles live im Fernsehen. Ultimaten werden gestellt und verstreichen. Die Forderung der Kidnapper: die Freilassung arabischer Häftlinge aus israelischen Gefängnissen. Ein Nervenkrieg.

Da kommt Bewegung in die Verhandlungen, Hubschrauber starten mit den Terroristen und Geiseln. Das Ziel: der kleine Militärflughafen in Fürstenfeldbruck. Dort wartet ein Flugzeug, das die Geiseln und Kidnapper angeblich ausfliegen soll. Doch dann eröffnen Scharfschützen das Feuer auf die Terroristen. Eine fatale Entscheidung. Die vermeintliche Befreiungsaktion endet in einem verheerenden Blutbad. Alle Geiseln und ein Polizeibeamter werden getötet, fünf Araber sterben, drei werden verhaftet. Die Welt ist schockiert. Nach einer bewegenden Trauerfeier am 6. September, dem zwölften olympischen Tag, hieß es vor 80.000 Zuschauern im Olympiastadion: »The games must go on.«

Die Terroristen verhandeln mit dem Krisenstab des damaligen Innenministers Hans-Dietrich Genscher

Adresse Connollystraße 31, 80809 München (Milbertshofen) | **Anfahrt** U 3/6, Haltestelle Olympiazentrum | **Und heute** In der Connollystraße 31, dem Quartier der israelischen Olympiamannschaft, ist eine Gedenktafel für alle getöteten Sportler angebracht. Dazu gibt es zwischen Olympiastadion und Olympischem Dorf ein Mahnmal, den sogenannten Klagebalken.

79 Das Palais Barer Straße

Ein Geschenk des Königs an seine Geliebte Lola Montez

Nur zwei Jahre lebte die 1821 in Irland geborene Elisabeth Rosanna Gilbert, die sich jetzt Lola Montez nannte, in München. Zwei Jahre, die es in sich hatten, in denen der bis dahin vom Volk verehrte König Ludwig I. all seine Reputation verlor. Dass der König kein Kind von Traurigkeit war, wusste der Hof. Als dann aber am 5. Oktober 1846 die Tänzerin Lola Montez auf den Plan trat, war Ludwig nicht mehr zu bremsen und seine Berater mit ihrem Latein am Ende. Die 23-jährige Lola, die sich als spanische Tänzerin aus Sevilla ausgab, wurde vom 60-jährigen Monarchen reich beschenkt. Sie erhielt im Juni 1847 in der Barer Straße ein Stadtpalais, in dem Ludwig sie gegen Abend regelmäßig besuchen kam. Als die vom König in den Adelsstand erhobene Mätresse dann auch noch Einfluss auf die Staatsgeschäfte zu nehmen schien, löste das 1848 eine Staatskrise aus. Minister traten zurück, Kabinette wurden umgebildet, Studenten stürmten die Straße. Lola Montez wurde zunehmend zur Hassfigur der Münchner Bürgerschaft.

Am 10. Februar 1848 – immer mehr junge Leute schwärmten von den Idealen der aufziehenden Märzrevolution – zogen mit Pistolen bewaffnete Studenten vor der Residenz auf und forderten ein Ende der Liaison. Ludwig ließ kurzerhand die Universität schließen und verlangte von den Studenten, München zu verlassen. Als der König sich weigerte, die Universität wieder zu öffnen, und weiter an Lola Montez festhielt, zogen Bürger und Studenten in die Barer Straße. »Die Hur' muss raus«, skandierten sie und konnten nur mühsam von der Erstürmung des Hauses abgehalten werden, vor allem als sich Lola Montez demonstrativ auf dem Balkon des Palais zeigte. Um die Lage zu beruhigen, verfügte der König, Lola Montez habe die Stadt innerhalb kürzester Zeit zu verlassen. Als Anfang März die Mätresse angeblich erneut in München gesehen worden war, brach ein Sturm der Entrüstung aus. Am 20. März 1848 legte Ludwig die Krone nieder und trat zurück.

Lola Montez bescherte München und Bayern eine Staatskrise

Adresse Barer Straße 7, 80333 München (Maxvorstadt) | Anfahrt U 2, Haltestelle Königsplatz; Bus 27/28, Haltestelle Karolinenplatz oder Ottostraße | Und heute Heute steht an der Stelle ein Büro- und Wohnhaus.

80 Das Panoptikum

Die Münchner und ihr Exotenkabinett

Das war der letzte Schrei, und das hatte München noch gefehlt. Ein riesiges Wachsfigurenkabinett, und das in bester Lage. Es sollte für ein Jahrzehnt zu einer Attraktion werden. Am 10. März 1894 eröffnete der Wachsmodellierer Emil Eduard Hammer (1865–1938) gemeinsam mit dem Schausteller Carl Gabriel (1857–1931) in der Neuhauser Straße, Ecke Färbergraben das »Internationale Handels-Panoptikum« mit angeschlossenem anthropologischem Museum. Hammer, der an der Akademie Kunst studiert hatte und 1887 den Betrieb seines Großvaters, der durch Ludwig I. zum »Hofwachsplastiker« aufgestiegen war, übernommen hatte, verfügte über eigene Modellier- und Malateliers, Wachsgießereien, eine Kostümfabrikation, mechanische Werkstätten und Fotoateliers. Der Großbetrieb an der Schleißheimer Straße lieferte Wachsfiguren und Präparate für Museen, Universitäten und Panoptiken in ganz Europa.

Mit großem Aufwand wurde das Vogel'sche Kaufhaus in der Neuhauser Straße umgebaut. Neben einer ständigen Ausstellung wurden auf mehreren Etagen zahlreiche wechselnde Attraktionen geboten, in einem Mix aus »Exotik, Vergnügung und Wissenschaft«. Es gab die Fürstengalerie, badende Nymphen, einen riesigen Harem, die Völkergalerie, Totenmasken, medizinische Objekte sowie ein anatomisches Museum. Im Keller gab es ein Gruselkabinett mit einer Verbrechergalerie. Insgesamt waren 2.000 Schauobjekte zu sehen, davon rund 500 Wachsfiguren. Dann gab es »lebende Bilder«, die ersten Filmvorführungen in München überhaupt. Dafür stand Carl Gabriel, der schließlich 1906 in der Dachauer Straße Münchens erstes Lichtspielhaus gründete. Auf drei Bühnen waren lebendige Menschen exotischer Länder zu sehen, Hawaii-Tänzerinnen, Indianer, »Togo-Neger«, die »Schwerste Negerin der Welt«, das »Tigermädchen« und der »Indische Gnom«. Nach einem Feuer in den oberen Stockwerken musste das Panoptikum 1902 schließen. Die Genehmigung zur Weiterführung wurde Hammer und Gabriel durch die Stadt entzogen.

Das Panoptikum in der Neuhauser Straße

Adresse Neuhauser Straße 1, 80331 München (Altstadt) | Anfahrt U 4/5, Haltestelle Karlsplatz (Stachus) | Und heute Dieser Abschnitt der Neuhauser Straße wurde nach Kriegszerstörungen neu bebaut. Das »Gabriel« in der Dachauer Straße gibt es heute noch, und es gilt als eines der ältesten Kinos der Welt.

81 Die Paulskirche

Der Flugzeugabsturz an der Theresienwiese

17. Dezember 1960. Vorweihnachtszeit, der letzte verkaufsoffene Samstag, hektisches Treiben in der Innenstadt. Es ist ein diesiger Tag mit tief hängenden Wolken. Um kurz nach 14 Uhr startet am Flughafen München-Riem eine vollgetankte zweimotorige amerikanische Militärmaschine vom Typ Convair. Und das, obwohl der Motor des Flugzeugs beim Anlassen vorübergehend streikt. Aber der Kapitän gibt grünes Licht. Das Ziel ist London. An Bord des Flugzeugs sind 20 Personen, darunter zwölf Studenten der Universität Maryland, die die Weihnachtstage in England verbringen wollen. Die Sicht ist so schlecht, dass an diesem Tag zahlreiche Lufthansa-Maschinen am Boden bleiben.

Bereits wenige Minuten nach dem Start der Convair meldet der Kapitän das Aussetzen des linken Motors. Die Maschine kann keine Höhe gewinnen. Er signalisiert dem Tower die Rückkehr nach Riem und fliegt eine Schleife nahe der Theresienwiese. Dabei streift das Flugzeug die Spitze des 97 Meter hohen Hauptturms der nahen Paulskirche. Ein Teil der Tragfläche reißt ab, das Flugzeug gerät ins Trudeln und stürzt auf die belebte Kreuzung an der Bayerstraße, Ecke Martin-Greif-Straße. Ein Teil des Flugzeugs fliegt gegen den voll besetzten hinteren Wagen der Straßenbahn der Linie 10, die gerade vorbeikommt. 5.000 Liter Flugbenzin entzünden sich, explodieren. In Bruchteilen von Sekunden verwandelt sich die Absturzstelle in ein Flammenmeer. Die Menschen in der Straßenbahn sind ohne jede Chance, obwohl die Löschzüge der Feuerwehr schnell vor Ort sind. Ein Inferno, die Hölle, ein Bild des Grauens.

52 Menschen sterben bei dieser Flugzeugkatastrophe, die sieben Besatzungsmitglieder der Convair und 13 Passagiere sowie 32 Personen am Boden, die meisten saßen in der Straßenbahn. Dutzende weitere Menschen werden zum Teil schwer verletzt in die umliegenden Krankenhäuser gebracht. München erlebt an diesem Vorweihnachtstag die größte Katastrophe nach dem Zweiten Weltkrieg.

Die Martin-Greif-Straße nach dem Absturz

Adresse St.-Pauls-Platz 10, 80336 München (Ludwigsvorstadt) | **Anfahrt** U 4/5, Haltestelle Theresienwiese | **Und heute** An der Außenwand des Europäischen Patentamtes an der Ecke Bayer-/Martin-Greif-Straße erinnert eine Gedenktafel an die Opfer der Flugzeugkatastrophe.

82 Die Pinakothek

Attacken auf unschätzbare Kunstwerke

21. April 1988: Der bereits als Kunstattentäter hinreichend bekannte und vorbestrafte Hamburger Hans-Joachim Bohlmann hatte in der Alten Pinakothek gleich drei Dürer-Gemälde im Schätzwert von 180 Millionen Mark mit konzentrierter Schwefelsäure übergossen: die zum »kulturellen Erbe der Menschheit« gehörenden Kunstwerke »Paumgartner Altar«, »Beweinung Christi« und die »Schmerzensmutter«. Vor allem Letzteres galt mit einer Zerstörung von rund 70 Prozent lange als irreparabel und damit für immer verloren. Der psychisch kranke Täter, der es ursprünglich auf die »Vier Apostel« von Albrecht Dürer abgesehen hatte, die aber zwischenzeitlich geschützt hinter Glas hingen, wurde verurteilt und in eine psychiatrische Klinik eingewiesen.

In 23.000 Arbeitsstunden konnten die Gemälde im Restaurierungslabor des zur Bayerischen Staatsgemäldesammlung gehörenden Doerner-Instituts schließlich gerettet werden und nach zehn Jahren auf ihren angestammten Platz zurückkehren. Die »Schmerzensmutter« wurde gar erstmals wieder 2011 der Öffentlichkeit präsentiert.

Schon in den 1950er Jahren gab es einen aufsehenerregenden Anschlag auf ein Kunstwerk der Alten Pinakothek. Es war der 26. Februar 1959: Der sich selbst als Philosoph und verkanntes Genie bezeichnende Walter Menzl aus Konstanz attackierte um kurz nach 11 Uhr vormittags das riesige 2,90 mal 2,25 Meter große Gemälde »Höllensturz der Verdammten« von Peter Paul Rubens mit einer Möbelbeize und verätzte es erheblich. Mit diesem Säure-Anschlag wollte der Attentäter auf seine Schriften hinweisen und »politisches Bewusstsein« für die Themen der Zeit wecken. Das 1620 während des Dreißigjährigen Krieges gemalte Meisterwerk wurde erfolgreich restauriert, kleine Attentatsspuren sind aber noch sichtbar. Der Täter musste drei Jahre ins Gefängnis und für die Reparaturen in Höhe von 800.000 Mark aufkommen.

Unmittelbar nach dem Attentat werden die attackierten Bilder inspiziert

Adresse Alte Pinakothek, Barer Straße 27, 80333 München (Altstadt) | **Anfahrt** U 2, Haltestelle Königsplatz oder Theresienstraße; U 3/4/5/6, Haltestelle Odeonsplatz; Tram 27, Bus 100 (Museumslinie), Haltestelle Pinakotheken | **Und heute** Nahezu alle Kunstwerke werden heute hinter Glas präsentiert.

83 Die Rennbahn Riem

Das »Braune Band« und die »Nacht der Amazonen«

Galopprennen in Riem gehörten auch in der Nazizeit zu den gesellschaftlichen Höhepunkten, vor allem der von den Nationalsozialisten initiierte Kampf ums »Braune Band von Deutschland« zwischen 1934 und 1941. Das Rennen wurde im Rahmen der »Internationalen Riemer Rennwoche« im Sommer gelaufen und gehörte mit 100.000 Reichsmark zu den höchstdotierten Rennen in Europa. Die Idee zu diesem Rennspektakel hatte der Autobus-Unternehmer und SS-Brigadeführer Christian Weber, einst Pferdeknecht, Rausschmeißer und Hausmeister im München der Weimarer Republik. Dieser zwei Zentner schwere Mann – Gründungsmitglied der NSDAP, Duzfreund Adolf Hitlers und seit 1933 Wirtschaftsreferent im gleichgeschalteten Stadtrat – wollte München zu einem Zentrum der Vollblutzucht machen, in Konkurrenz zu den elitären Rennvereinen in Baden-Baden und Berlin. Vor allem aber wollten die Nationalsozialisten mit diesem Rennen für dreijährige und ältere Pferde internationale Cracks aus Frankreich und Italien anlocken, um sich weltoffen und tolerant zu zeigen. Dafür ließ der SS-Brigadeführer die Puppen tanzen.

Denn die Riemer Rennwoche um das »Braune Band von Deutschland« wurde immer abgeschlossen mit der »Nacht der Amazonen«, einem Spektakel der besonderen Art im Park von Schloss Nymphenburg. Diese Show hatten sich Weber und Münchens NS-Oberbürgermeister Karl Fiehler einfallen lassen, in Anlehnung an eine Inszenierung, die erstmals Kurfürst Max Emanuel von Bayern 1722 präsentiert hatte. Aber die »Nacht der Amazonen« der Nazibonzen sollte natürlich das Vorbild weit übertreffen. Mehr als 2.000 Mitwirkende in Kostümen des Rokokos, 700 geschmückte Pferde, Reiterspiele, Tänzer und Pantomimen wurden aufgeboten – alles illuminiert mit Tiefstrahlern und in geheimnisvolles Licht getaucht durch Tausende Fackeln. Und als Höhepunkt präsentierten sich halb nackte Nymphen und Amazonen, alle »arisch-blond« in kriegerischer Attitüde, auf rassigen Hengsten und in martialischen Streitwagen.

Die siegreiche »Nereide« im »Braunen Band« 1936 und ihr Jockey Ernst Grabsch

Adresse Graf-Lehndorff-Straße 36, 81929 München (Riem) | Anfahrt S 2, Haltestelle Riem | Und heute Auf der Galopprennbahn in Riem finden heute regelmäßig Galopprennen statt – freilich ohne »Nachspiel« in Nymphenburg.

84 Das Romagna Antica

Hier spielte Helmut Dietls Film »Rossini«

»Rossini – oder die mörderische Frage, wer mit wem schlief«. Eine Schwabinger Frage und eine Bestandsaufnahme des Befindens der Münchner Film- und Verlagsszene der 1990er Jahre in einem. Man muss sich das so vorstellen: Jahrzehntelang war das italienische Restaurant »Romagna Antica« von Romano Pandolfi und Fabrizio Cereghini, äußerlich ein eher unauffälliges Etablissement nahe dem Nordbad, das Speisezimmer wichtiger Protagonisten der Münchner Filmszene. Nahezu allabendlich trafen sich hier Produzenten, Regisseure, Autoren und Schauspieler. Die beiden unerreichten Hauptdarsteller: der Chef und Produzent der Neuen Constantin Film Bernd Eichinger, immer in Jeans und Turnschuhen, und Starregisseur Helmut Dietl, Markenzeichen schwarzer Bart und weißer Anzug. Beide hatten ihre Stammtische, beide meist ihre Entourage im Schlepp. Hier aß man, betrank sich, heckte Projekte aus, entwickelte Drehbücher, besetzte Filmrollen und ließ es häufig krachen.

Auch eine der brillantesten Ideen der deutschen Filmgeschichte wurde hier ausgeheckt: »Rossini«, und das bedeutete, das »normale« Leben im Romagna Antica zu verfilmen, quasi sich selbst in eine Tragikomödie einzubauen, zu persiflieren. Gemeinsam mit dem »Parfum«-Autor Patrick Süskind, auch ein häufig gesehener Gast, ersann Helmut Dietl ein Drehbuch, in dem sie das Leben im Romagna Antica, natürlich köstlich überzeichnet, den Schauspielern Mario Adorf, Götz George, Heiner Lauterbach, Joachim Król, Veronika Ferres und Gudrun Landgrebe auf den Leib schrieben. Das Romagna Antica selbst wurde bis ins kleinste Detail im Studio nachgebaut. 1997 kam der Film in die Kinos, wurde ein Riesenerfolg und mit Preisen überhäuft. Über drei Millionen Menschen konnten sich am abstrusen Befinden der Münchner Filmschickeria weiden, an ihren erotischen Eskapaden, an ihren Intrigen. Ein Schwabinger Mikrokosmos, eine perfekte Gesellschaftssatire. Regisseur Helmut Dietl hatte seinem Stammlokal ein Denkmal gesetzt.

»Rossini« mit Mario Adorf

Adresse Elisabethstraße 52, 80796 München (Schwabing), Tel. 089/2716355 | Anfahrt U 2, Haltestelle Josephsplatz oder Hohenzollernplatz; Tram 12/27, Bus 53/144/154, Haltestelle Nordbad | Und heute In den Räumen des alten Romagna Antica befindet sich heute wieder ein italienisches Restaurant. Und vieles sieht noch aus wie damals.

85 Die Sankt-Georg-Kirche

Pater Delp und der Widerstand

Im kleinen, unmittelbar an die spätbarocke Dorfkirche Sankt Georg in Bogenhausen angrenzenden Pfarrhaus wurde ein eindrückliches Stück deutscher Widerstandsgeschichte gegen den Naziterror geschrieben. Hier wirkte seit 1941 der 1907 in Mannheim geborene und 1937 durch Michael Kardinal Faulhaber in Sankt Michael in München zum Priester geweihte Jesuitenpater Alfred Delp als Seelsorger und Kirchenrektor. Hier wurde er am 28. Juli 1944 nach der Frühmesse von der Kanzel weg verhaftet, ins berüchtigte Wittelsbacher Palais der Gestapo gebracht, nach Berlin überstellt, gefoltert, malträtiert und schließlich vom obersten Nazirichter Roland Freisler zum Tode verurteilt. In den Morgenstunden des 2. Februar 1945 wurde Pater Delp im Gefängnis Berlin-Plötzensee gehängt.

Für die Münchner Jesuiten waren kirchliches Engagement und politischer Widerstand zwei Seiten einer Medaille. Pater Alfred Delp war seit 1939 in München als Seelsorger tätig, arbeitete im Zentrum der Jesuiten in der Kaulbachstraße und gehörte zur Redaktion der Jesuitenzeitschrift »Stimmen der Welt«. Die wurde wenig später von der Gestapo verboten, das Redaktionsgebäude konfisziert. Über den Münchner Leiter des Jesuitenordens Augustinus Rösch entstanden die Kontakte zur Widerstandsgruppe »Kreisauer Kreis« des James Graf von Moltke, dem Pater Delp schließlich als Vertreter der christlichen Soziallehre angehörte. Bei den konspirativen Treffen des Kreisauer Kreises war es Aufgabe von Pater Delp, konkrete Szenarien für eine sozial gerechte Gesellschaft nach Hitler zu konzipieren.

Nach dem gescheiterten Attentat auf Adolf Hitler am 20. Juli 1944 wurde von der Gestapo auch der Kreisauer Kreis aufgedeckt, dessen Mitglieder verhaftet und nahezu alle hingerichtet. Die Nazis boten dem nicht unmittelbar am Attentat beteiligten Pater Delp einen Überlebenshandel an: »Freilassung gegen Ordensaustritt.« Pater Delp lehnte ab.

Pater Alfred Delp vor dem Volksgerichtshof 1944

Adresse Bogenhauser Kirchplatz 1, 81675 München (Bogenhausen) | **Anfahrt** Tram 17; Bus 54/154/187, Haltestelle Mauerkircherstraße; Tram 18, Haltestelle Sternwartstraße | **Und heute** Die Kirche ist umgeben vom kleinen Bogenhauser Friedhof, auf dem viele bekannte Künstler beigesetzt sind, unter anderem der antifaschistische Schriftsteller Oskar Maria Graf.

86 Die Schichtl-Bühne

Münchens ältestes Theater auf dem Oktoberfest

Wo werden auf offener Bühne regelmäßig »lebendige Personen mittels einer Guillotine« enthauptet? Und das täglich bis zu 30 Mal, zwei Wochen am Stück. Ohne dass die Polizei einschreitet? Im »Zaubertheater« des alten Papa Schichtl, dieses legendären Schaustellers vom Oktoberfest, dessen 1869 gegründetes Illusionstheater noch heute existiert. Seit einem Vierteljahrhundert wird es betrieben und moderiert von Manfred Schauer, einem Seiteneinsteiger ins Kuriositätenkabinett. Und immer noch heißt es nach der Artistenparade auf der Außenbühne zu Beginn jeder Show: »Auf geht's beim Schichtl!«.

Auch wenn der heutige Schichtl Jahr für Jahr mit neuen Überraschungen aufwartet, eine Nummer ist seit über 100 Jahren konstant im Programm: die Enthauptung einer lebenden Person auf »offener, hell erleuchteter Bühne« mittels einer Guillotine durch den Henker Ringo, wobei regelmäßig eine Person aus dem Publikum zur Hinrichtung rekrutiert wird. Über 11.000 solcher Hinrichtungen gehen inzwischen auf das Konto der aktuellen Schichtl-Truppe. Wie es funktioniert, wird nicht verraten.

Papa Schichtl, das war Michael August Schichtl (1851–1911), der sich diesen Trick gemeinsam mit seinen beiden Brüdern Franz August und Julius, die alle einer Artistenfamilie entstammten, erstmals für die Wiesn 1871 ausgedacht hatte. Die Enthauptungsnummer wurde zum Markenzeichen der Schichtl-Bühne in ganz Süddeutschland. Papa Schichtl war Theaterdirektor, Magier und Trommler in einem. Er führte auf der Bühne moderne Zauberautomaten ein, präsentierte Schlangen- und Reptilienmenschen und in der Jubiläumsvorstellung 1901 anlässlich seines 50. Geburtstags den »Afrikaner mit dem Löwengebiss«, der mit bloßen Zähnen ein Bierfass aufheben konnte, auf dem auch noch ein Kind saß. Papa Schichtl hatte noch einen Ruf: Er behielt seine Artisten, entgegen der Norm, auch im spielfreien Winter unter Vertrag. Dann »fütterte« er sie in seinem Sendlinger Winterquartier durch.

Der Schichtl um 1900

Adresse Theresienwiese (Schaustellerstraße), 80339 München (Schwanthalerhöhe) | **Anfahrt** U 3/6, Haltestelle Goetheplatz; U 4/5, Haltestelle Theresienwiese | **Und heute** Die Schichtl-Bühne gibt es heute noch Jahr für Jahr auf dem Oktoberfest, seit 2001 ergänzt durch das angeschlossene »Wirtshaus im Schichtl«.

87_Die Schlosskapelle

Die Geheimnisse der Blutenburger Madonna

Anfang der 1970er Jahre wurden in Bayern fast täglich Kirchen geplündert, 1972 war mit rund 500 Kunstdiebstählen ein Rekordjahr. Barockes war »in«, und Bayern hatte nun mal die meisten Barockkirchen, in der Regel nicht verschlossen und ruhig gelegen. So verschwanden immer mehr Madonnen, Heilige, Engel, Putten und Leuchter von den Altären und Simsen der bayerischen Gotteshäuser. Vielleicht waren die Diebe ermutigt worden von dem wahrscheinlich spektakulärsten Kirchenraub dieser Jahre, dem der »Blutenburger Madonna« aus der kleinen Kapelle des Schlosses am westlichen Stadtrand Münchens. Bewertet mit rund 600.000 Mark und als Kulturgut weit über Bayerns Grenzen hinaus bekannt, machte dieser Raub bundesweit Schlagzeilen. In die geriet mit der Madonna aber auch der bis dahin weitgehend unbekannte bayerische Schauspieler Walter Sedlmayr. Denn die zwei wenig später gefassten Diebe der gestohlenen Madonna wollten partout im Auftrag Sedlmayrs gehandelt haben. In seinem Haus in Feldmoching, wo der Schauspieler gemeinsam mit seiner Mutter lebte, wurde die Polizei schließlich fündig. Da stand sie, die Mater Dolorosa. Der Schauspieler landete wegen des Verdachts auf Diebstahl und Hehlerei für fünf Tage in Untersuchungshaft, wurde aber schließlich vom Gericht freigesprochen. Seiner Popularität tat die Affäre keinen Abbruch. Mit den »Münchner Geschichten« und der »Polizeiinspektion 1« stieg er zum populären Volksschauspieler auf. Bis zu seiner brutalen Ermordung 1990 und seinem damit enttarnten Doppelleben galt er den meisten als Vorzeige-Bayer.

Die »Blutenburger Madonna« kehrte auf ihren angestammten Platz in die 1490 erbaute spätgotische Schlosskapelle zurück, die bis heute inklusive der Butzenscheiben nahezu vollständig erhalten ist. Wer die Madonna, den Christus als Schmerzensmann und die Apostel gefertigt hat, ist nicht bekannt. Man spricht vom »Meister der Blutenburger Apostel«.

Das Innere der Schlosskapelle

Adresse Schloss Blutenburg, 81247 München (Obermenzing) | Anfahrt S 3/4/6/8, Haltestelle Pasing, dann Bus 56/143/160, Haltestelle Schloss Blutenburg | Und heute Das Blutenburger Schloss wurde 1430 als Jagdschloss und Landsitz durch Herzog Albrecht III. errichtet. Heute beherbergt das Schloss die Internationale Jugendbibliothek und ein Museum für den »Momo«-Autor Michael Ende.

88 Die Schönheitengalerie

Ludwig I. ließ seine Favoritinnen porträtieren

Eine der Vorlieben Ludwigs I. waren neben aller Lust an Kunst und Architektur schöne Frauen. So hatte Ludwig zeitlebens immer wieder außereheliche Affären und Amouren, die der Hof, so gut es ging, diplomatisch herunterspielte. Als der König mit Anfang 40 beschloss, sich eine Galerie der Schönsten im Lande zuzulegen, heizte das die Gerüchteküche wieder einmal an. Dabei waren sogenannte Schönheitengalerien an den europäischen Höfen keineswegs unüblich, schlossen sie doch in aller Regel Beziehungen zwischen Herrscher und Modellen aus. Doch wann immer Ludwig eine junge Frau aufforderte, sich für seine Bildersammlung ins Atelier des renommierten Hofmalers Joseph Stieler zu begeben, ging das Gemunkel los. Denn es waren auch von Ludwig offen verehrte Frauen und Angebetete darunter. Oder Frauen, von deren Schönheit er betört war, wie Helene Sedlmayer, der 18-jährigen Tochter eines Schuhmachers aus Trostberg, die schließlich zum Inbegriff der »schönen Münchnerin« werden sollte. Bis auf wenige Ausnahmen ließen sich alle erwählten Damen, ob adelig oder bürgerlich, malen. Sich Zieren gab es nicht, man durfte dem König diesen Wunsch nicht ausschlagen, der doch eher einem dezenten Befehl gleichkam. Überliefert ist, dass die eine oder andere Liebesbeziehung Ludwigs in Stielers Atelier posierte, so die italienische Marianna Marquesa Florenzi, die Adelige Carlotta von Breidbach-Bürresheim und schließlich Ludwigs Skandalaffäre Lola Montez, über die der Monarch 1848 letztendlich stürzte.

Ludwig genoss seine zwischen 1827 und 1850 entstandene »Galerie der Schönen« mit 36 Damenporträts in den eigens dafür eingerichteten Räumen im neuen Nordflügel der Münchner Residenz. Heinrich Heine dichtete in seinen »Lobgesängen auf König Ludwig«: »Er liebt die Kunst, und die schönsten Frau'n. Die lässt er portraitiren; / Er geht in diesem gemalten Serail / Als Kunst-Eunuch spazieren.«

Ludwig I. und Hofmaler Stieler bei einer Sitzung mit Helene Sedlmayer

Adresse Schönheitengalerie Ludwigs I., Schloss Nymphenburg, Eingang 19, 80638 München (Nymphenburg) | **Anfahrt** Tram 12, Bus 42, Haltestelle Romanplatz; Tram 17, Bus 51, Haltestelle Schloss Nymphenburg | **Und heute** Die Schönheitengalerie Ludwigs I. befindet sich heute im Schloss Nymphenburg und ist allgemein zugänglich.

89 Die Schrannenhalle

Die Getreidehalle mit der Eisenkonstruktion

Eigentlich hieß die Schrannenhalle »Maximilians-Getreidehalle«. Und das aus gutem Grund. König Maximilian II. mokierte sich zunehmend über den immer stärker werdenden Lärm auf dem Marienplatz, wenn die Kornhändler ihre Waren lauthals ausschrien oder an die städtischen Mühlen verkauften. Und der Marienplatz, der bis 1885 auch noch Schrannenplatz hieß, war für Hunderte Getreidesäcke viel zu klein geworden. Auch den Stadtverordneten und den Besitzern der umliegenden Geschäfte wurde der Getreidemarkt zum lästigen Spektakel. So drängte der König höchstpersönlich darauf, den Getreidehandel an den Viktualienmarkt zu verlegen.

Den Auftrag zum Bau einer neuen Halle erhielt der Architekt und Stadtplaner Franz Karl Muffat (1797–1868). In nur zweijähriger Bauzeit setzte er von der Blumenstraße aus längs des Viktualienmarktes einen spektakulären Bau, der durch seine filigrane Konstruktion Industriegeschichte schreiben sollte. Zwischen steinernen Kopfbauten zog sich eine 430 Meter lange Gewölbehalle aus Gusseisen und Glas, die 1853 feierlich eröffnet wurde. Doch der Euphorie der frühen Jahre folgte eine gewisse Ernüchterung Ende des 19. Jahrhunderts. Der Getreidemarkt ging zurück, und die 1912 errichtete Großmarkthalle im Süden der Stadt wurde zur drückenden Konkurrenz. Die »Schranne« wurde mehrmals verkleinert, ein Teil der Konstruktion demontiert.

Dann der Großbrand am Abend des 8. April 1932. Teile der verbliebenen Schrannenhalle wurden Opfer einer verheerenden Feuersbrunst. Es blieb das nackte Eisengerippe stehen. Die Halle wurde abgerissen, ein Teil verschrottet und ein vom Feuer weniger in Mitleidenschaft gezogenes Teilstück eingelagert. Und das geriet in Vergessenheit. 50 Jahre später erkannte ein Stadthistoriker die Eisenkonstruktion der alten Schrannenhalle als Teil eines später errichteten Lagergebäudes der Stadt wieder – die Basis für den Neubau der Schranne an historischer Stelle, die schließlich 2005 eröffnet wurde.

Die alte »Maximilians-Getreidehalle«

Adresse Viktualienmarkt 15, 80331 München (Altstadt) | **Anfahrt** U 3/6, Haltestelle Marienplatz | **Und heute** Die neue Schrannenhalle ist eine Mischung aus Marktplatz und Gourmet-Gastronomie. Auf 3.800 Quadratmeter Fläche finden sich 24 Händler. Im Kopfgebäude der früheren Freibank gibt es jetzt das Gasthaus »Pschorr«.

90_Das Schwabingerbräu

Das Hertie-Hochhaus und die Spätfolgen

Für viele war das 1964 erbaute mehrstöckige Hertie-Hochhaus an der Münchner Freiheit eine Bausünde, ein Schandfleck im Zentrum Schwabings, ein negatives Wahrzeichen der Stadt, ein »Schwarzer Hochkantsarg«, wie es der »Spiegel« formulierte. Und das Unglaubliche trat ein: Tatsächlich wurde das Hertie-Hochhaus 1990 gekappt und radikal umgebaut und firmiert jetzt unter Karstadt. Aber mit der Demontage des Hertie-Hochhauses verschwand gleichzeitig das zum Gebäudekomplex gehörende »Schwabingerbräu« – und das war ein herber Verlust für Schwabing. War das Schwabingerbräu doch so eine Art Veranstaltungsikone und gesellschaftliches Zentrum des Viertels.

Sicher war der große Saal des Schwabingerbräus optisch keine Augenweide, aber funktionell war er und von langer Tradition. Viele Münchner erinnern sich an legendäre Faschingsfeste in allen Räumen, an viele politische Manifestationen an langen Holztischen, an unvergessene Rock- und Popereignisse. AC/DC brachten das Gebäude fast zum Einsturz, Bruce Springsteen und die E Street Band hatten hier ihren ersten Münchner Auftritt, geschlagene vier Stunden lang, The Clash und The Cure waren da und viele andere. Mal gab es Musik, mal wurde die Revolution ausgerufen in diesem Saal. Immer war das Schwabingerbräu Hochburg und Veranstaltungsort der Schwabinger SPD.

Ursprünglich stand an der Ecke Leopoldstraße/Feilitzschstraße das durch Kurfürst Max III. Joseph 1774 zum Edelsitz erhobene Herrenhaus Mitterschwabing mit großer Gartenanlage. Im 19. Jahrhundert übernahm es der Philosoph Franz von Baader und erweiterte es zum »Baaderschlösschen«. 1877 wurde aus dem Anwesen eine Gaststätte der Petuel'schen Brauerei. Nach dem Abriss des gesamten Gebäudes entstand 1889 der Neubau der Schwabinger Brauerei, das mit Abstand größte Lokal Schwabings, das nach schweren Kriegszerstörungen Anfang der 1960er Jahre zur Großgaststätte Schwabingerbräu ausgebaut wurde.

Das Hertie-Hochhaus mit dem Schwabingerbräu

Adresse Leopoldstraße 82, 80802 München (Schwabing) | **Anfahrt** U 3/6, Haltestelle Münchner Freiheit | **Und heute** Auf dem Grundstück des alten Schwabingerbräus und des Hertie-Hochhauses befindet sich heute eine Filiale von Karstadt.

91 Das Schwabylon

Erst letzter Schrei, dann Schutt und Asche

Es gibt zahlreiche Münchner, die das Schwabylon auch heute noch für einen gelungenen, allemal interessanten architektonischen Wurf halten, für ein Wahrzeichen der Münchner Nachkriegsmoderne, der niemals hätte abgerissen werden dürfen. Die meisten freilich können sich an das schrill-bunte Ensemble an der Leopoldstraße nicht mehr erinnern, das im November 1973 feierlich mit viel Tamtam eröffnet wurde und von dem sich die Bauherren das ganz große Geschäft erwarteten. Das aber war ein folgenschwerer Irrtum, das Schwabylon geriet zu einem Flop.

Für die Summe von 160 Millionen D-Mark, rund 80 Millionen Euro, ließ der Augsburger Landmaschinenhändler Otto Schnitzenbaumer durch den renommierten Schweizer Architekten Justus Dahinden den futuristischen Gebäudekomplex errichten. Man muss sich in die Zeit versetzen: Flower-Power, Hippieromantik, die Stadt im Rausch des Musicals »Hair«. Und die gerade zu Ende gegangenen Olympischen Spiele. Diesen Geist sollte das Schwabylon – sprachlich ein Mix aus Schwabing und Babylon – transportieren. Kernstück des Ensembles: ein Betonbau, der wie eine riesige Stufenpyramide aussah, fensterlos, mit einer stilisierten aufgehenden Sonne, alles in den knalligen Farben Rot, Orange und Gelb. Innen: keine Treppen, nur Rampen. Auf 40.000 Quadratmetern Business und Unterhaltung: Hundert Boutiquen und Galerien, 15 Restaurants, ein Kino, Kegelbahnen, ein Biergarten unter echten Kastanien, ein Spielcasino, eine Eisbahn, eine Schwimmhalle und das »Yellow Submarine«, ein dreistöckiges Nachtlokal mit Bullaugen, eingelassen in einen 600.000 Liter fassenden Wassertank mit 30 lebendigen Haien. Das Ganze auch begehbar vom nahen »Holiday Inn«, dem ersten seiner Art in Deutschland, ebenfalls Teil des riesigen Baukomplexes, zu dem auch noch hochstöckige Appartementhäuser zählten. Das Schwabylon: vom ersten Tag an ein Projekt zum Kopfschütteln. Nach einem Jahr wurde der schrille Popbunker wegen Erfolglosigkeit geschlossen und 1979 abgerissen.

Das Schwabylon 1974

Adresse Leopoldstraße 204, 80804 München (Schwabing) | **Anfahrt** Bus 140/141, Haltestelle Wilhelm-Hertz-Straße | **Und heute** Auf dem Grundstück errichtete das Versicherungsunternehmen DBV-Winterthur in der Folge des Abrisses einen Verwaltungsbau. Das Holiday Inn wurde Ende 2012 abgerissen. Die Appartementhäuser Leopoldstraße 204/206 gibt es noch.

92 Der Schwurgerichtssaal

Als Vera Brühne zu lebenslanger Haft verurteilt wurde

Menschentrauben drängen sich rund um den Justizpalast in München, die Öffentlichkeit ist elektrisiert. Vor der großen Schwurgerichtskammer beginnt im April 1962 einer der aufsehenerregendsten Indizienprozesse der deutschen Kriminalgeschichte. Ein Prozess im Milieu von Geld, Erotik und Schickeria. Angeklagt sind Vera Brühne, eine attraktive Frau aus gutem Haus, Anfang 50, und ihr Bekannter Johann Ferbach. Beide sollen zu Ostern 1960 den Pöckinger Arzt Otto Praun und seine Geliebte in dessen Villa am Starnberger See ermordet haben. Das Tatmotiv: Habgier. Vera Brühne, die mit dem Arzt ein Verhältnis hatte, soll sich so in den Besitz einer großen Finca an der spanischen Costa Brava gebracht haben, die ihr Praun in seinem Testament vererbt hatte.

Schon vor Prozessbeginn stand für die Münchner »Abendzeitung« und den »Stern« das Urteil fest: Schuldig. Für den Boulevard war die stolze und selbstbewusste Vera Brühne eine geldgierige, eiskalte und sexbesessene Diva, eine Femme fatale. Eine Frau, die zweimal verheiratet war und der ein ausschweifendes Leben nachgesagt wurde. Das passte nicht in die spießige Welt der frühen 1960er Jahre.

Nach widersprüchlichen Zeugenaussagen, falschen Zeitangaben und eliminierten Spuren sprach das überwiegend aus bayerischen Landwirten zusammengesetzte Schwurgericht das Urteil: lebenslange Haft. Obwohl der Richterspruch juristisch immer als äußerst umstritten galt, wurden in den folgenden Jahren sämtliche Revisionsanträge abgeschmettert. Politisch gedeckt. Denn der Doppelmord von Pöcking hatte eine weitere Dimension voller Ungereimtheiten und neuer dubioser Todesfälle. Der ermordete Arzt soll in illegale Waffenschiebereien und politische Intrigen verstrickt gewesen sein. 1979 wurde Vera Brühne vom damaligen Ministerpräsidenten Franz Josef Strauß überraschend begnadigt. Bis zu ihrem Tod 2001 hatte Vera Brühne, inzwischen über 90 Jahre alt, immer wieder vehement ihre Unschuld betont.

Vera Brühne auf dem Weg in den Schwurgerichtssaal

Adresse Prielmayerstraße 7, 80335 München (Maxvorstadt) | Anfahrt U 4/5, Tram 16/17/18/27, Haltestelle Karlsplatz (Stachus) | Und heute Im großen Schwurgerichtssaal wird immer noch gerichtet. Sehenswert ist die große Halle des Justizpalastes mit der gewaltigen Kuppel.

93 Das Seinsheim-Palais

Hier war Mozart häufiger zu Gast

München hätte eine ganz große Mozartstadt werden können, diese Chance aber wurde durch das unsensible Gehabe des Kurfürsten Max III. Joseph verspielt. Für Wolfgang Amadeus Mozart fand sich am Münchner Hof keine geeignete Stelle. »Es ist keine Vacatur da«, beschied ihm der Kurfürst 1777, nachdem der 19-jährige Mozart im Auftrag des Kurfürsten gerade für den Münchner Karneval die Oper »La finta giardiniera« komponiert hatte, die am 13. Januar 1775 uraufgeführt wurde. Er solle doch erst noch nach Italien gehen und weiterlernen. So brüskierte München den jungen Mann und ließ ihn ziehen. Ihn, der dem Kurfürsten im Nymphenburger Schloss schon als sechsjähriges Wunderkind gemeinsam mit seiner Schwester Nannerl vorgespielt und den Hofstaat in Entzücken versetzt hatte.

Und dennoch hatte Mozart nach eigenem Bekunden in München »die glücklichste Zeit seines Lebens« verbracht. Denn im Spätherbst 1780 kam der nun gerade einmal 24-jährige Komponist erneut nach München, um die von dem jetzt regierenden Kurfürsten Karl Theodor in Auftrag gegebene Oper »Idomeno« für den Münchner Karneval fertigzustellen, die am 29. Januar 1781 im Residenztheater uraufgeführt und ein umjubelter Erfolg wurde. Während dieser Monate in München war Mozart, diesmal ohne Vater reisend, immer wieder im Palais Seinsheim zu Gast, wohnte dort vermutlich auch eine gewisse Zeit, da er sich eng angefreundet hatte mit dem Sohn des Grafen Seinsheim. Das 1764 erbaute Seinsheim-Palais im damaligen Kreuzviertel, der bevorzugten Adresse des bayerischen Adels, gehörte mit seinen repräsentativen Räumen zu den ersten Adressen der Stadt, in denen der Diplomat, Politiker und spätere Präsident der Akademie der Wissenschaften Seinsheim und seine Frau Hof hielten. Ansonsten logierten Mozart und seine Familie während der rund ein Dutzend München-Aufenthalte in unterschiedlichen Gasthöfen, so auch im »Schwarzen Adler« in der Kaufingerstraße.

Die Mozarts am Münchner Hof

Adresse Prannerstraße 7, 80333 München (Innenstadt) | **Anfahrt** U 3/4/5/6, Haltestelle Odeonsplatz | **Und heute** Das Palais Seinsheim gehört heute einer Bank und ist nach einer Renovierung seit 1984 Sitz des Bayerischen Städtetages und nicht öffentlich zugänglich.

94 Die Sendlinger Kirche

In der Weihnacht kam es zu Mord und Totschlag

Der in München immer mal wieder aufflackernde Groll gegen Österreich hat seine Ursache auch in der Heiligen Nacht von 1705. In einem Blutbad nämlich endete der Versuch, München von der verhassten österreichischen Besatzung zu befreien, zu der es 1704 im Zuge des Spanischen Erbfolgekrieges an der Seite Frankreichs mit der Niederlage von Höchstädt gekommen war. Das österreichische Besatzungsregiment unter Kaiser Joseph I. – der bayerische Kurfürst Max Emanuel war im Exil – kannte kein Pardon. Die Steuern wurden drastisch erhöht, unliebsame Personen willkürlich verhaftet, 12.000 junge Bayern zum Armeedienst für die Besetzung Italiens und Ungarns zwangsrekrutiert. Da blies die Bevölkerung zum Widerstand. »Lieber bayrisch sterben, als kaiserlich verderben«, so der Kampfspruch der Aufständischen.

Zu Weihnachten 1705 zogen 3.000 Bauern, Handwerker und Tagelöhner aus dem bayerischen Alpenvorland armselig bewaffnet, teilweise nur mit Sensen, Messern und Hämmern ausgerüstet, gegen München. Am Abend des 24. Dezember erreichten sie Sendling, wo sie Quartier machten. Ein Teil blieb zurück, die am besten Bewaffneten zogen vor die Stadttore, die auf ein vereinbartes Zeichen der städtischen Opposition hin geöffnet werden sollten. Aber die Tore blieben verschlossen. Als die 1.400 Bauern gegen die Stadt anrennen wollten, tauchten in ihrem Rücken weitere 4.000 Feinde auf. Sie wurden vernichtend geschlagen. Nur wenigen gelang die Flucht zurück nach Sendling. Dort legten die Bauern ihre Waffen nieder und baten die Obrigkeit um Pardon. Aber die kannte keine Gnade. Nahezu alle Bauern, auch die Unbewaffneten, wurden niedergemetzelt. Einigen gelang die Flucht auf den Friedhof der Sendlinger Kirche, in der Hoffnung, Gnade auf dem Gottesacker zu finden. Doch auch hier wurden alle Bauern erbarmungslos erschlagen. Die Bilanz der Heiligen Nacht: Über 1.000 tote Aufständische bei 40 gefallenen kaiserlichen Soldaten.

Die Sendlinger Bauernschlacht von 1705

Adresse Sendlinger Kirche, Plinganserstraße 1, 81369 München (Sendling) | Anfahrt Bus 53, Haltestelle Sendlinger Kirche, Bus 53/132, Haltestelle Margaretenplatz | Und heute Auf dem kleinen Friedhof der Sendlinger Kirche gibt es ein Massengrab mit den Opfern der Mordweihnacht.

95 Der Sport-Schuster

Generationenmarathon in der Innenstadt

In der City herrscht ein Kommen und Gehen. Traditionsreiche Geschäfte schließen, müssen vielfach ausländischen Konzernen und angesagten Labels das sündhaft teure Münchner Innenstadtpflaster überlassen. Mit Ausnahmen. Eine solche ist das Sporthaus Schuster in der Rosenstraße unmittelbar am Marienplatz. Ein Geschäft, das bislang allen Stürmen trotzte und trotzdem von sich behauptet, den Zeitgeist mitzugestalten. Drei Namen stehen für das knapp über 100 Jahre existierende Sporthaus Schuster: August, Gustl und Flori.

Am 22. April 1913 eröffnete August Schuster, unterstützt von seiner Hauswirtschafterin, einem Fahrer, einer Mitarbeiterin und einem Lehrling, das kleine Sportgeschäft. Der leidenschaftliche Bergsteiger, zuvor Leiter der Sportwelt des Oberpollinger, wollte seine Obsession zum Geschäft machen. Immerhin verzeichnete der damals 30-jährige August Schuster am Ende seines Lebens in seinem Tourenbuch rund 2.000 erklommene Gipfel und 30 Erstbesteigungen. Seine Spezialität: der Berg und alles, was dazugehört. Klettern, Wandern, Skifahren. Einen solchen Laden hatte es bis dato in München nicht gegeben. Das Konzept ging auf.

Unter der Eigenmarke ASMÜ (August Schuster München) erfand der Tüftler und Verkäufer dazu Skibindungen, Kletterschuhe, Spezialseile und Felshaken. Und: Schuster rüstete in den folgenden Jahrzehnten nahezu alle bedeutenden Bergexpeditionen aus, in den Alpen, den Anden, im Himalaja. Spektakulär die Erstbesteigung des Nanga Parbat 1953 durch Hermann Buhl, den Leiter seiner Bergsportabteilung.

Im Krieg hatten die Schusters Glück: Ihr Sporthaus wurde von den Bomben weitestgehend verschont. Sohn Gustl übernahm 1955, dessen Sohn Flori dann 1984 das Geschäft. 2003 kam es zur »freundlichen« Übernahme des »Sport-Münzinger« im Rathaus. Drei Jahre später wurde der alte Sport-Schuster dann vollständig abgerissen und auf 5.000 Quadratmetern neu gebaut.

Blick ins Damenbad

Adresse Rosenstraße 1–5, 80331 München (Altstadt) | **Anfahrt** U 3/6, Haltestelle Marienplatz | **Und heute** Sport-Schuster nimmt in der Innenstadt immer noch eine dominante Stellung ein.

96 Die St.-Benno-Kapelle

Münchens Stadtpatron gibt viele Rätsel auf

Eigentlich hatte der Mann mit München nichts zu tun, die Stadt zu Lebzeiten nie gesehen, und dennoch ist der 1010 in Hildesheim geborene, 1066 zum Bischof von Meißen geweihte Benno, wo er schließlich 1106 auch starb, der Stadt- und Schutzpatron Münchens. Das kam so: Die Heiligsprechung Bennos 1523 durch Papst Hadrian VI. veranlasste Martin Luther zu einer Kampfschrift gegen den Reliquienkult und zur Einführung der Reformation mit dem Titel: »Wider den neuen Abgott und alten Teufel, der zu Meißen soll erhoben werden«. Meißen wurde 1539 schließlich wie ganz Sachsen protestantisch, alle Arten von Reliquien verloren an Reiz und Wert. Das rief den bayerischen Herzog Albrecht V. auf den Plan.

Nach langen Verhandlungen wurden ihm 1576 die Überreste Bennos aus dem Dom zu Meißen übergeben, die in die gotische Neuveste der Münchner Residenz gebracht und am 16. Juni 1580 schließlich in einer feierlichen Prozession in die Frauenkirche überführt wurden. Die Ankunft der Gebeine Bennos in München wurde als Sieg im Glaubenskampf gegen den Protestantismus gefeiert und als Zeichen bayerisch-katholischer Kirchenpolitik des Hauses Wittelsbach. Von der Kanzel der Frauenkirche wurde Benno zum Patron Münchens erklärt, die St.-Benno-Kapelle schließlich zum Wallfahrtsort erkoren. Doch bei aller einstigen Euphorie: Heute dürfte der Stadt- und Schutzpatron Benno aus Meißen den meisten Münchnern eher ein Unbekannter sein, einer, der auch posthum niemals richtig in München angekommen zu sein scheint.

Aber seine Spuren finden sich auch an anderen Ecken der Stadt: zum Beispiel in der zwischen 1888 und 1895 erbauten dreischiffigen neoromanischen St.-Benno-Kirche in der Maxvorstadt, der einzigen Kirche Münchens, die das Patrozinium Bennos trägt, also der Schutzherrschaft des Patrons unterstellt ist. Sichtbare Zeichen sind die knapp zwölf Meter hohe Bennosäule aus rötlichem Porphyr mit einer drei Meter hohen Bronzefigur des heiligen Benno aus dem Jahr 1910.

Der Stadtpatron Münchens

Adresse Frauenplatz 1, 80331 München (Altstadt) | **Anfahrt** U 3/6, Haltestelle Marienplatz; U 4/5, Haltestelle Karlsplatz (Stachus) | **Und heute** Auf dem Reliquienschrein aus Ebenholz steht eine Silberbüste des heiligen Benno.

97_Die Steinerne Isarbrücke

Das todbringende Hochwasser von 1813

Der August hatte es in sich. Die Tage waren warm und trocken, die Nächte schwül. Wochenlang hatte es nicht geregnet. Die Menschen suchten Schatten und Erholung in den städtischen Parks und in den Biergärten. Doch endlich, im September, zogen von den Bergen her dunkle Wolken auf. Der ersehnte Regen kam, die lang erwarteten Gewitter. Doch die Unwetter nahmen apokalyptische Formen an. Der Pegel der Isar stieg immer höher, der Fluss verwandelte sich binnen Stunden in einen reißenden Strom, der nicht mehr zu bändigen war. Uferböschungen wurden weggespült, riesige Baumstämme schossen durch die Stadt, angrenzende Häuser stürzten ein und versanken in den Fluten. Ein dunkelbrauner Strom wütete in der Stadt.

Die losgelassene Isar wurde aber auch zu einem Spektakel für die Menschen. Am späten Nachmittag des 13. Septembers 1813 drängelten sich Hunderte Münchner auf der 60 Jahre zuvor durch Ignaz Anton Gunetzrhainer errichteten Steinbrücke zwischen der Kohleninsel, auf der heute das Deutsche Museum steht, und dem Isartor, also zwischen Au und Stadt. Verheerende Überschwemmungen und Sturzfluten hatten in München in der Vergangenheit immer wieder zahlreiche Holzbrücken mit sich gerissen. Diese steinerne Brücke sollte allen Fluten trotzen.

Die Schaulustigen auf der Brücke warteten auf den unmittelbar bevorstehenden Einsturz des nahen Kaiserwirtshauses, dessen Fundamente bereits erheblich unterspült waren. Warnungen eines Bierkutschers, der beim Überqueren der Brücke ein verdächtiges Wanken bemerkt hatte, wurden in den Wind geschlagen. Um halb sieben kam es dann zur Katastrophe. Die mächtigen Pfeiler gaben nach, ein Großteil der Brücke versank in den Fluten der Isar, riss Hunderte Menschen mit sich. Schließlich wurden über 100 Tote gezählt, allesamt ertrunken. Allein 20 Leichen wurden noch Tage später in Oberföhring ans Ufer gespült. Zehn Jahre nach dem Unglück begann der Bau der heutigen Ludwigsbrücke durch Leo von Klenze.

Der Einsturz der Isarbrücke 1813

Adresse Ludwigsbrücke, 80538 München (Lehel) | **Anfahrt** S 1/2/3/4/6/7/8, Haltestelle Isartor; Tram 16, Haltestelle Deutsches Museum | **Und heute** Die zwischen Deutschem Museum und Müller'schem Volksbad liegende Ludwigsbrücke gehört bis heute zu den zentralen Verbindungen der Stadtteile beiderseits der Isar.

98 Das Sterneckerbräu

Im Bierdunst konstituierten sich die Nazis

Diese schlichte Münchner Gastwirtschaft im Tal war die Keimzelle der Nationalsozialisten, aus der heraus München die »Hauptstadt der Bewegung« wurde. Einmal wöchentlich trafen sich die bis dato etwa 50 Mitglieder der im Januar 1919 gegründeten rechtsradikalen Deutschen Arbeiterpartei (DAP) in einem Hinterzimmer des Sterneckerbräus. Am 12. September 1919 erschien der Gefreite Adolf Hitler auf der Bühne – als »Armeespitzel«. Er sollte dem Aufklärungskommando der Reichswehr melden, was es mit dieser »Arbeiterpartei« auf sich hatte, stand doch der Abend unter der Überschrift: »Wie und mit welchen Mitteln besiegelt man den Kapitalismus?« Hitler war begeistert von der antikapitalistischen, antisemitischen und völkischen Stimmung, die er vorfand, meldete sich schon am ersten Abend aggressiv und agitatorisch zu Wort und hinterließ einen nachhaltigen Eindruck. Er trat unmittelbar danach der DAP bei und setzte sich vor allem mit Unterstützung der rechtsgerichteten »Thule-Gesellschaft«, der zahlreiche einflussreiche Münchner Geschäftsleute angehörten, an deren Spitze. In einem Nebenzimmer des Sterneckerbräus wurde im Oktober 1919 die erste Geschäftsstelle der »Partei« eingerichtet, die sich ab Februar 1920 auf Betreiben Hitlers NSDAP nannte. Auch nach dem Umzug in das geräumigere Gasthaus Cornelius in der Corneliusstraße Anfang 1920 wurde das Sterneckerbräu von Hitler nie vergessen.

Immer wenn die NS-Prominenz in Erinnerung an den Hitler-Putsch von 1923 am 9. November ihren martialischen Marsch vom Bürgerbräukeller zur Feldherrnhalle antrat, wurde vor dem Sterneckerbräu eine Gedenkminute eingelegt. Am 8. November 1933 eröffnete Hitler höchstpersönlich im Sterneckerbräu das sogenannte »Parteigründungsmuseum«. Im Zentrum: das Gedenkzimmer der »alten Kämpfer«, das zu einer Wallfahrtsstätte der Nationalsozialisten und zu einer Touristenattraktion wurde, die auch ausländische Staatsgäste besuchen mussten.

Das »Gründungszimmer« im Sterneckerbräu

Adresse Tal 38, 80331 München (Altstadt) | **Anfahrt** U 3/6, Haltestelle Marienplatz; S-Bahnen, Haltestelle Isartor | **Und heute** Das alte Sterneckerbräu ist heute ein Büro- und Geschäftsgebäude.

99_Der Tabakladen

Joachim Ringelnatz war oft sein bester Kunde

Ein Tabakladen in der Schellingstraße, in dem ein richtiges Skelett im Schaufenster liegt und zwischen Zigarettenschachteln und Zigarrenkisten wühlt – eine Attraktion. Die Menschen drücken sich an der Scheibe die Nase platt und rätseln über den tieferen Sinn der alten Knochen zwischen den Rauchutensilien. Den gibt es nicht. Der 1883 geborene Dichter und Kabarettist Joachim Ringelnatz, der ehemalige Matrose, der die Weltmeere befahren hat, schließlich 1909 in München strandet und in Schwabing seinen Hafen findet, ein freudiger Zecher vor dem Herrn, hat aus einer Sauflaune heraus die Idee, einen Tabakladen aufzumachen. Er, der inzwischen ständiger Gast in der Künstlerkneipe »Simpl« in der Türkenstraße ist und dort mit seinen originellen Versen zum »Hausdichter« avanciert ist, nennt seine Geschäftsidee folgerichtig »Tabackhaus: Zum Hausdichter«. Ein Reklameschild wirbt mit dem Hinweis »Damen und Herren werden auf Wunsch gegen Bezahlung angedichtet. Es grüßt der Hausdichter«.

Vor allem die permanenten Geldsorgen haben Ringelnatz, der eigentlich Hans Bötticher heißt und aus der Nähe Leipzigs stammt, zu dieser Geschäftsidee getrieben. Denn die Simpl-Wirtin Kathi Kobus zahlt ihrem originellen Dichter wenig, eigentlich nichts. Für seine nahezu allabendlichen Auftritte wird er von der geschäftstüchtigen Wirtin in Naturalien entlohnt. Anfänglich gibt es ein Bier, schließlich legt sie zwei Mark pro Auftritt drauf. Für den Rausch genug, zum Leben zu wenig. So soll der Tabakladen neben all der Kleinkunst sein zweites Standbein werden. Aber der Hausdichter entpuppt sich selbst als bester Kunde. Wenn die Künstlerkneipe spätabends schließt, ziehen er und seine Kollegen ein paar Häuser weiter in den Tabakladen. Da gibt es immer was zu trinken, vor allem viel zu rauchen. Ohne Sperrstunde und Ordnungshüter. Doch die Kunden bleiben aus, nach neun Monaten ist der Laden pleite. Ringelnatz' Dichterlaufbahn geht weiter, die Geldprobleme bleiben.

Das »Tabackhaus: Zum Hausdichter«

Adresse Schellingstraße 23, 80539 München (Maxvorstadt) | **Anfahrt** U 3/6, Haltestelle Universität | **Und heute** Die Schellingsstraße 23 ist auch heute noch ein Wohn- und Geschäftshaus.

100 Die Theresienwiese

Das Oktoberfest-Attentat und die friedliche Wiesn

Alles war wie immer beim Oktoberfest: der Einzug der Wiesn-Wirte, der Fassanstich, der Trachten- und Schützenzug, lange Schlangen vor dem Teufelsrad, der Hexenschaukel und dem Riesenrad, ausgelassene Zuschauer beim Schichtl und beim Vogeljakob, die alljährliche Diskussion um den Bierpreis und das korrekte Einschenken. Und dann kam die Hölle über das Oktoberfest, innerhalb weniger Sekunden erlebte die Wiesn 1980 den Alptraum ihrer über 200-jährigen Geschichte.

Freitag, der 26. September 1980, später Abend, genau 22.19 Uhr. Eine furchtbare Detonation erschüttert den überfüllten Eingangsbereich der Festwiese, eine Stichflamme schießt in den Nachthimmel, Panik, Schreie. Menschen fliegen durch die Luft, abgerissene Gliedmaßen, Tote, Verletzte. Krankenwagen rasen herbei, die Polizei riegelt den Ort ab. Und jetzt zeigt sich das ganze Ausmaß der Tragödie. 13 Tote und über 200 zum Teil Schwerverletzte, Besucher mit entsetzlichen Verstümmelungen. Die Menschen sind zufällige Opfer eines blutigen Attentats, des verheerendsten Terroranschlags in der Geschichte der Bundesrepublik.

Eine neun Kilogramm schwere Rohrbombe, gefüllt mit 1,39 Kilogramm TNT, Nägeln und Schrauben, ist in einem Abfalleimer explodiert. Unter den Toten befindet sich auch der 21-jährige Student Gundolf Köhler aus Donaueschingen, der trotz der Vernehmung Hunderter Zeugen von der »Soko Theresienwiese« schließlich als »persönlichkeitsgestörter Einzeltäter« ausgemacht wird. Eine bis heute umstrittene These, da der junge Mann nachweislich Kontakte zur rechtsradikalen paramilitärischen »Wehrsportgruppe Hoffmann« gehabt hatte. 1982 werden die Ermittlungen eingestellt, obwohl es viele Hinweise auf Hintermänner und mögliche Mittäter gibt. Alle späteren Wiederaufnahmeversuche scheitern an der Justiz und der Politik. Und 1997 werden auch noch die letzten Asservate vom Tatort vernichtet.

Das Oktoberfest-Attentat 1980

Adresse Theresienwiese, 80339 München | Anfahrt U 4/5, Haltestelle Theresienwiese | Und heute Das Attentatsdenkmal an der Theresienhöhe nahe dem Bavariaring erinnert an den Ort des Anschlags.

101 Die Thomas-Mann-Villa

Das Münchner Zuhause der Familie Mann

Eine Villa am Isarhochufer in bester Lage, dreistöckig im Stil der sogenannten »Nymphenburger Kavaliershäuser«, umgeben von einem dicht bewachsenen Garten. In den oberen Stockwerken wohnen die Kinder, in der zweiten Etage sind die Schlafzimmer der Eltern untergebracht und im Parterre die Wohnräume und das geräumige Arbeitszimmer des Schriftstellers mit der Steintreppe zum Garten hin, in dem solch epochale Romane wie »Herr und Hund« und der »Zauberberg« entstehen. Im Souterrain wohnen die Kinderfrau, das Stubenmädchen und die Köchin. Für die Villa in der Poschingerstraße 1, die 1914 bezogen wird, haben die Architektenbrüder Alois und Gustav Lang nur ein Jahr benötigt. Ein Jahr, in dem sich Thomas Mann aber beinahe ruiniert. Denn die Tantiemen, die der Welterfolg der »Buddenbrooks« eingebracht hat, des Romans, den der Schriftsteller wesentlich in seiner damaligen Wohnung in der Siegesstraße über dem Lokal »Seerose« geschrieben hatte, sind nahezu völlig aufgezehrt. Ebenso die reichlich bemessene Apanage seiner Frau Katja, die als geborene Pringsheim aus einem wohlhabenden Münchner Bildungshaushalt stammt. Das herrschaftliche Stadtpalais in der Poschingerstraße 1 ist immer ein offenes Haus. Schriftsteller und Musiker gehen ein und aus, darunter Hermann Hesse, Hugo von Hofmannsthal, Frank Wedekind, Bruno Walter und Gustav Mahler. Hier erhält Thomas Mann am 12. November 1929 die Nachricht von der Verleihung des Nobelpreises für Literatur.

Thomas Mann und seine Familie wohnen bis 1933 im »Poschi«, wie er die Villa im Bogenhausener Herzogpark nennt. Wenige Tage nach der Machtergreifung Hitlers gehen er und seine Frau Katja ins schweizerische Exil. Die Villa und das Vermögen des ausgebürgerten Schriftstellers werden von den Nazis beschlagnahmt, das Haus fortan zweckentfremdet. 1952 lässt der Schriftsteller die Villa abreißen und das Grundstück verkaufen.

Familie Mann beim Gruppenfoto 1932

Adresse Thomas-Mann-Allee 10, 81679 München (Bogenhausen) | **Anfahrt** Bus 187, Haltestelle Poschingerstraße | **Und heute** Die Villa wurde, angelehnt an das Original, 2006 rekonstruiert und wird heute privat genutzt. Das Haus ist von innen nicht zu besichtigen.

102 Das Valentinhaus

Aus der Au kam Münchens größtes Original

»Meine Schulzeit war für mich eine siebenjährige Zuchthausstrafe«, vermerkte Karl Valentin mit satirischer Bitterkeit. Umso glücklicher war der schlanke, schlaksige Junge, wenn er nach der Schule zurück in sein tolerantes Elternhaus in der Zeppelinstraße 41 in der Au kam, wo er ganz dicht am Ufer der Isar toben und tollen konnte. In diesem Haus schräg gegenüber dem Deutschen Museum wurde Valentin Ludwig Fey, der begnadete Komiker, Volkssänger, Autor und Filmproduzent, am 4. Juni 1882 geboren.

Er wuchs behütet als Einzelkind auf, drei Geschwister starben an Diphtherie. Neben seiner Schreinerlehre besuchte der talentierte Karl auch eine Varietéschule, 1902 stand er das erste Mal als Karl Valentin auf der Bühne. Mit dem Tod des Vaters übernahm Valentin gemeinsam mit der Mutter das Möbelspeditionsgeschäft. Die Entscheidung fiel ihm leichter, da er sich in Gisela Royes, das Dienstmädchen des Hauses Fey in der Zeppelinstraße, verliebte. Sie wurde von ihm schwanger und bekam insgesamt zwei Töchter, bevor er sie 1911 heiratete. Da aber war die Spedition längst bankrott, und Karl Valentin konnte endlich ungehindert seinen Weg als Komödiant gehen.

Mit Liesl Karlstadt fand der 1,90 Meter große und 50 Kilogramm leichte Volkssänger 1911 seinen kongenialen Widerpart. Gleich das erste gemeinsame Bühnenprogramm »Tingeltangel« wurde ein Erfolg, der Sketch »Orchesterprobe« zum Ereignis. Die Verfilmung »Der Firmling« brachte deutschlandweiten Ruhm. Beide avancierten mit ihrem tragikomischen Humor, der Menschen stets in misslichen Situationen zeigte, ohne sie je der Lächerlichkeit preiszugeben, zum berühmtesten Komikerduo ihrer Zeit. Mit der Nazizeit verstummte Karl Valentin, der zur »Heil-Hitler-Euphorie« der Deutschen nur bemerkte: »Wie gut ist es doch, daß der Führer nicht Kräuter heißt.« Am 9. Februar 1948 starb Karl Valentin, vergessen und verarmt, an einer Lungenentzündung.

Karl Valentin und Liesl Karlstadt auf dem Nockherberg um 1930

Adresse Zeppelinstraße 41, 81669 München (Au) | **Anfahrt** Tram 17, Bus 117, Haltestelle Eduard-Schmid-Straße oder Mariahilfplatz; Tram 16, Haltestelle Deutsches Museum | **Und heute** In der Zeppelinstraße 41 hat der Traditionsverein »Freunde der Vorstadt Au« sein Büro. Beerdigt ist Karl Valentin auf dem Friedhof in Planegg.

103 Das Vereinsheim

Das einstige Tafelsilber des TSV 1860 München

Der TSV 1860 München war einmal ein richtig reicher Verein. Ihm gehörten in der Auenstraße zahlreiche Häuser, Turn- und Tennisplätze bis hin zum Baldeplatz, und damit viel Grund und Boden. Herzstück dieses Besitzes war das Vereinsheim mit seiner großen Turnhalle. Die Auenstraße war Löwenheimat. Die Boxer und Gewichtheber tummelten sich hier, die Leichtathleten, die Turner und die Volleyballer. Große sportliche Erfolge schmückten die Abteilungen. Im Vereinsheim probte der Chor, logierte die Artistenriege, gab es eine große Bibliothek. Die Bergsteiger kamen dazu, die Schwimmer, eine Skiabteilung, Hockey und die deutschlandweit bekannte Tanzabteilung. Und 1899 die Fußballer, die schnell zur populärsten Abteilung des TSV 1860 wurden. Aber mit dem Fußball kamen die Probleme.

Schon 1937 musste das 1925 eröffnete Grünwalder Stadion zur Schuldentilgung an die Stadt verkauft werden. Das Vereinsheim blieb aber Dreh- und Angelpunkt des Vereins, auch nach Zweitem Weltkrieg, Zerstörung und Wiederaufbau. Hier feierte man Siege, betrauerte Niederlagen, hier fanden legendäre Mitgliederversammlungen statt, und die Vereinswirtschaft im ersten Stock war Garant für ein intaktes Vereinsleben. Mit Beginn der Fußballbundesliga schienen die Löwen nicht mehr zu bremsen, feierten die größten Triumphe ihrer Vereinsgeschichte, wurden Publikumsmagnet. Dann blieben die sportlichen Erfolge aus, Abstiege, Missmanagement, Intrigen. 1981 drohte die Insolvenz. Die Auenstraße wurde zur Liquidität in zwei Raten an die Stadt verkauft. Es half nichts. Ein Jahr später folgte der Lizenzentzug, der Abstieg in die Drittklassigkeit, die Bayernliga. Die Rückkaufoption für das Vereinsheim wurde nie gezogen. Als schließlich auch noch die Turnhalle verkauft werden musste und zahlreiche Amateurabteilungen aufgelöst wurden, stand fest: Der Fußball hatte den Turnsportverein über die Jahre ruiniert und das Vereinsheim in der Auenstraße gleich mit.

Das Vereinsheim Auenstraße um 1900

Adresse Auenstraße 19, 80469 München (Ludwigsvorstadt) | Anfahrt Bus 58, Haltestelle Baldeplatz; Bus 132, Haltestelle Klenzestraße | Und heute Die Turn- und Boxabteilung trainieren immer noch in der Auenstraße.

104 Die Villa Stuck

Der Malerfürst und seine »Sünde«

Diese Rebellion galt der etablierten Kunst, dem konservativen Kunstverständnis des ausgehenden 19. Jahrhunderts. Vor allem aber wurde Front gemacht gegen die mächtige Münchner Künstlergenossenschaft, die durch den alles dominierenden Malerfürsten Franz von Lenbach und die von ihm initiierten großen Kunstausstellungen im Glaspalast beherrscht wurde.

Zahlreiche, meist junge Künstler traten deshalb aus der Künstlergenossenschaft aus und gründeten am 4. April 1892 den Verein bildender Künstler, die »Secession«. Unter den Rebellen waren auch so prominente Maler wie Max Liebermann, Lovis Corinth und Franz von Stuck. Die moderne Kunst mit dem beginnenden Impressionismus wollte sich keine Fesseln mehr anlegen lassen. Der gerade aufkommende Jugendstil brach sich in Ausstellungen und ausschweifenden Festen Bahn.

Der bekannteste Künstler der Secession war der 1863 im niederbayerischen Tettenweis geborene Müllersohn Franz von Stuck, der an der Akademie in München studiert hatte und 1895 Professor wurde. Stuck, der die Antike verehrte, aber der Moderne gegenüber aufgeschlossen war, liebte die Provokation. Kein Bild hatte in München mehr Furore gemacht als seine »Sünde«. Eine nackte Frau, jung und schön, mit straffen Brüsten, der Oberkörper von einer Schlange umwunden, wirft dem Betrachter einen lasziven Blick zu, als wolle sie ihn ins Bild hineinziehen. Für Franz von Stuck wurde dieses Gemälde der Grundstein seines Ruhms. Als sich Prinzregent Luitpold ein Jahr später von Stuck porträtieren ließ, gab es einen erneuten Aufschrei der Empörung. Und Stuck schockierte die prüde Gesellschaft mit weiteren erotischen Motiven. So mit der nackten, speerschleudernden Amazone, die den Eingangsbereich seiner 1897 erbauten Prachtvilla in der Prinzregentenstraße schmückt und für die wahrscheinlich seine Frau Mary Modell gesessen hatte.

Stucks Plakat für die Internationale Kunstausstellung 1897

Adresse Villa Stuck, Prinzregentenstraße 60, 81675 München (Bogenhausen) | **Anfahrt** U 4, Haltestelle Prinzregentenplatz; U 5, Haltestelle Max-Weber-Platz; Tram 16, Bus 100 (Museumslinie), Haltestelle Friedensengel | **Und heute** Die Villa Stuck gehört heute zu den ersten Kunstmuseen Münchens. Hier kann man nachempfinden, wie der Malerfürst gelebt und gearbeitet hat.

105 Die Völkerschau

Afrika und Asien auf dem Oktoberfest

Man mag sich das heute nicht mehr so recht vorstellen, aber sogenannte Völkerschauen waren im ausgehenden 19. Jahrhundert äußerst populär: das Zurschaustellen Angehöriger afrikanischer Stämme und asiatischer Kulturen, ihrer Nacktheit, ihrer Bräuche, ihrer Lebensweise. In zoologischen Gärten und auf Jahrmärkten waren die Eingeborenen- oder »Negerdörfer« die Attraktion. Sie bedienten die Klischees und Vorurteile gegenüber allem Fremden, und für die Veranstalter klingelten die Kassen. Ungekrönter König des Völkerschaugeschäfts im ausgehenden 19. Jahrhundert war das Unternehmen Carl Hagenbeck in Hamburg.

Zentraler Ort für Völkerschauen in München war das Oktoberfest. Die Veranstalter rissen sich um die Genehmigungen, ihre »Exoten« präsentieren zu dürfen: ganze Familien, Eingeborenendörfer, Karawanen, schöne Frauen und angsteinflößende Urmenschen und Wilde, möglichst primitiv und naturnah wegen des Nervenkitzels. Der größte Schausteller Münchens war Carl Gabriel (1857–1931), der das Teufelsrad und das Hippodrom auf die Wiesn brachte. Ab 1901 präsentierte Carl Gabriel den Münchnern seine aufwendigen Völkerschauen mit dem »Beduinen-Lager«, einer 70 Personen umfassenden Karawane. Andere Veranstalter machten mit der »Negertruppe Dahomey« aus dem »Land der Menschenopfer und Sklaverei«, den »Gorilla-Negern vom Congo« oder der »Togo-Truppe« Kasse. Es folgten Gabriels »Sudanesendorf«, »Samoa in München« und eine Riesen-Völkerschau mit 200 Personen. 1903 machte das »Aschanti-Dorf« Furore, eine 90 Teilnehmer umfassende Gruppe, deren Bewohner zuvor von der Münchner Anthropologischen Gesellschaft zu Forschungszwecken untersucht und vermessen worden waren, wie auch die »Lappländer-Kolonie«, die »Dinka-Neger«, die »Feuerländer« oder die »Kalmücken«. Den Schaustellern sollte es recht sein: Denn durch den pseudowissenschaftlichen Charakter sparten sie die sündhaft hohe Vergnügungssteuer.

Völkerschauen waren in München groß in Mode

Adresse Theresienhöhe, 80339 München (Schwanthalerhöhe) | Anfahrt U 4/5, Haltestelle Theresienwiese; U 3/6, Haltestelle Goetheplatz | Und heute Das Oktoberfest wartet immer wieder mit neuen Attraktionen auf, sogenannte »Exoten« werden freilich nicht mehr präsentiert.

106 Der Volksgarten

Münchens größter Vergnügungspark in Nymphenburg

Nymphenburg war um die Wende zum 20. Jahrhundert ein stark frequentiertes Vergnügungsviertel, das mit seinem Anschluss an die Dampftrambahn einen fulminanten Boom erlebte. Der am 15. Mai 1890 auf dem ehemaligen Gelände der Brauerei Nymphenburg eröffnete »Volksgarten Nymphenburg« war ein Vierteljahrhundert lang der größte Vergnügungspark Deutschlands, ähnlich dem Wiener Prater oder dem Kopenhagener Tivoli. Zwischen der Notaburgstraße, wo die Tram am Haupteingang hielt, und der Döllingerstraße gab es ein »Oktoberfest en miniature« rund ums Jahr und auf einer Fläche von vier Hektar Platz für 30.000 Menschen.

Die Attraktionen wechselten wie die Pächter des vom Bauspekulanten Heinrich Theodor Höch, der das Café Luitpold gebaut hatte, aus der Taufe gehobenen Etablissements. Auf dem durch prächtig überdachte Arkaden umgebenen Gelände dominierten der riesige »Rokokosaal«, eine 600 Quadratmeter große Eisen- und Glaskonstruktion mit aufgesetzten Türmen, in dem rauschende Bälle stattfanden, und das gigantische, an prunkvoller Ausstattung überbordende Hauptrestaurant, in dem bis zu 3.000 Gäste bekocht werden konnten. In einem offenen Musikpavillon spielte die 36 Mann starke Volksgarten-Musikkapelle, überragt von einem 40 Meter hohen Aussichtsturm, der einen elektrischen Aufzug hatte. Zwischenzeitlich gab es eine Radrennbahn mit zwei Tribünen, eine Trabrennbahn, weitere Tanzpaläste und Spezialitätenrestaurants, einen Tierpark mit Raubtieren, ein Hippodrom, Fahrgeschäfte, Varieté und Theater.

Doch dem Volksgarten erwuchs Konkurrenz: Der neue Tierpark Hellabrunn und der Ausstellungspark auf der Theresienwiese zogen immer mehr Menschen an. Und der Vergnügungspark wurde zum Spekulationsobjekt. Banken erwarben Anteile am Volksgarten und widmeten ihn in Bauland um. Die »Villenkolonie Nymphenburg« entstand. Mit Beginn des Ersten Weltkriegs kam das Aus für den Vergnügungspark, 1916 folgte dann der Abbruch.

Der Volksgarten Nymphenburg um 1900

Adresse Notburgastraße (zwischen Romanstraße, Südlicher Auffahrtsallee und Döllingerstraße), 80639 München (Nymphenburg) | **Anfahrt** Tram 12/16/17, Bus 51, 151, Haltestelle Romanplatz | **Und heute** Das gesamte Gelände des einstigen Volksgartens ist bebaut, hier entstand die Villenkolonie Nymphenburg. Nur die Volksgartenstraße erinnert noch an den grandiosen Vergnügungspark.

107 Das Wannenbad

Als man noch zum Duschen außer Haus ging

Heute sind Bad und Dusche eine Selbstverständlichkeit in jeder Wohnung. Das war nicht immer so. Erst mit der Aufklärung griff auch ein neues Hygienebewusstsein, vor allem in den oberen Schichten, hatten doch die meisten Menschen in den Städten keinen Zugang zu fließendem Wasser. Wannen- und Brausebäder wurden Bestandteil öffentlicher Volksbäder, die vor allem Menschen aus der Unterschicht die Möglichkeit geben sollten, sich einer regelmäßigen Körperpflege zu unterziehen. Die erste öffentliche Wasch- und Badeanstalt wurde 1842 in Liverpool eröffnet, das erste deutsche Volksbad 1855 in Hamburg. »Jedem Deutschen wöchentlich ein Bad!«, lautete das Motto des 1874 in Berlin gegründeten Vereins für Volksbäder.

Auch München hat eine Geschichte zahlreicher städtischer Wannen- und Brausebäder. Heute stößt man darauf noch in der Kirchenstraße in Haidhausen, in einem neubarocken, 1895 entstandenen Prachtbau von Karl Hocheder (1854–1917), in der Thalkirchener Straße, jetzt ein Jugendzentrum, oder auf der Theresienwiese, heute eine öffentliche Toilette. Eines der schönsten Volksbäder überhaupt entstand in München. Der Stifter des Bades war der Ingenieur Karl von Müller (1821–1909), der schließlich von Prinzregent Luitpold geadelt wurde, ein Mann, der der sozialreformerischen Badebewegung anhing und auch eine permanente Wascheinrichtung für die ärmeren Menschen anstrebte. Das im neubarocken Jugendstil mit reichlich Stuck, Wandmalereien, Bronzestatuen und eisernen Gittern versehene »Bad fürs Volk«, das am 1. Mai 1901 feierlich eröffnet wurde, galt bei der Fertigstellung als die teuerste, prunkvollste und größte Schwimmhalle Europas. Für Müller eine Selbstverständlichkeit, neben der opulenten Schwimmhalle für Männer, der kleineren für Frauen, dem Dampfbad, den Solebädern und dem römisch-irischen Bad, die allesamt als letzter Schrei in München galten, auch 86 Wannen- und 22 Brausebäder einzubauen – fürs Volk.

Glück im Wannenbad

Adresse Müller'sches Volksbad, Rosenheimer Straße 1, 81667 München (Au) | Anfahrt S 1–8, Tram 18, Haltestelle Isartor; Tram 16, Haltestelle Deutsches Museum; Bus 132, Haltestelle Ludwigsbrücke | Und heute Noch heute gibt es im Untergeschoss des Müller'schen Volksbades einige modernisierte Wannen- und Brausebäder, davon eines im ursprünglichen Zustand.

108 Das Wiesn-Geläuf

Ein Pferderennen gab den Startschuss zum Oktoberfest

Franz Baumgartner war Unteroffizier der Kavalleriedivision, von Beruf aber Lohnkutscher. Dem Pferdenarr kam inmitten seiner Kameraden die Idee, zu Ehren der anstehenden Hochzeit des Kronprinzen Ludwig mit Prinzessin Therese von Sachsen-Hildburghausen ein großes Pferderennen zu veranstalten, verbunden mit einem Volksfest. Der diensthabende Major der Nationalgarde, Andreas von Dall'Armi, von Haus aus Bankier, trug König Maximilian I. Joseph den Wunsch der Soldaten vor, und der stimmte freudig zu. Drei Wochen Vorbereitungszeit mussten reichen. Der Termin wurde auf das Ende der tagelangen Hochzeitsfeierlichkeiten gelegt, auf den 17. Oktober 1810, einen Mittwoch. Ort des Geschehens: eine Wiese vor den Toren der Stadt. Zur Teilnahme eingeladen wurden Kavalleristen der Nationalgarde und die besten Pferdehalter Bayerns.

Der 17. Oktober war ein milder Herbsttag, der Himmel blau. Ab neun Uhr früh zogen Nationalgardisten, Schützenkompanien, Grenadiere und Kavalleristen vom Hofgarten vor der Residenz mit Regimentsmusik zur Festwiese. Dabei die gemeldeten Rennpferde, begleitet von Reitern der Nationalgardekavallerie München, die wertvolle Preisfahnen trugen, bestickt mit den Namen des Brautpaares. Auf der Festwiese warteten 40.000 Zuschauer auf das Spektakel. Böllerschüsse verkündeten die Abfahrt des königlichen Hofstaates von der Residenz zur Festwiese.

30 Pferde gingen an den Start, so viele wie noch in keinem Rennen zuvor. Sie hatten die »11.200 Schuh lange Bahn« dreimal zu umlaufen. Die Siegerfahne und die 20 Golddukaten, überreicht von Staatsminister Graf von Montgelas, gingen an den Lohnkutscher Franz Baumgartner, dessen siebenjähriger Apfelschimmel-Wallach der Schnellste war. Auch der König jubelte, stimmte einer Wiederholung des Rennens und der Umbenennung der Rennbahn in »Theresienwiese« zu. Das Oktoberfest, dessen Beginn später wegen des milderen Wetters in den September vorverlegt wurde, war geboren.

Das erste Oktoberfest 1810

Adresse Theresienwiese, 80339 München (Schwanthalerhöhe) | Anfahrt U 4/5, Bus 131/134, Haltestelle Theresienhöhe | Und heute 2010 fand anlässlich des 200. Oktoberfest-Jubiläums erstmals die sogenannte »Oide Wiesn« im Südteil der Theresienwiese statt, auf der auch nostalgische Pferderennen veranstaltet wurden.

109 Der Wintergarten

Ludwig II. lustwandelte über den Dächern Münchens

Der König hatte sich 1870 auf dem Flachdach des Nordwestflügels der Residenz, dem lang gezogenen Festsaalbau, einen aufwendigen Wintergarten bauen lassen, in modernster Technik und mit dekorativer Beleuchtung. Ein neun Meter hohes und 80 Meter langes freitragendes Tonnengewölbe aus Glas und Eisen, gebogen wie ein gigantisches Tropenhaus, ergänzt durch einen eigens angebauten Vorbau im Kaiserhof, um dem Wintergarten eine weitere räumliche Dimension zu geben. Durch seine direkt an den Garten angrenzende Privatwohnung gelangte Ludwig mit wenigen Schritten durch einen vergoldeten Laubengang in sein sagenumwobenes Paradies, das nur wenige ausgesuchte Gäste und Lieblingsverwandte betreten durften. Denjenigen, die es sahen, verschlug es die Sprache.

Ludwigs Hofgartenarchitekt Carl von Effner hatte die Illusionswelt ganz nach den Wünschen des Königs gestaltet, der seit seinem Besuch der Weltausstellung 1867 in Paris ein Faible für orientalische Architektur entwickelt hatte.

Eine indische Traumlandschaft entstand, mit einem Dschungel aus exotischer Flora und Fauna: Palmen, Bambus, Agaven, Azaleen, ausgesuchte Orchideen und Lotusblumen. Dazwischen bunte Papageien auf goldenen Schaukeln, Pfauen in stolzer Farbenpracht. Nur mit Mühen hatte man Ludwig ausreden können, junge Elefanten aufs Dach zu bringen.

Ein Bach ergoss sich über eine Felswand mit einer Tropfsteingrotte und speiste einen künstlich in den Boden eingelassenen See von 22 mal zwölf Metern Größe und 1,20 Meter Tiefe, von unten elektrisch beleuchtet und maschinell Wellen produzierend. Darauf schwammen echte Schwäne und ein Lohengrin-Kahn. Das Wasser wurde durch eigene Maschinen auf das Dach der Residenz gepumpt. Nie war klar, ob die Decke den See auf Dauer würde tragen können. Das in den Geschossen darunter wohnende Dienstpersonal klagte jedenfalls immer wieder über »Regen«.

Der Wintergarten König Ludwigs II. um 1870

Adresse Residenzstraße 1, 80333 München (Altstadt) | Anfahrt U 3/4/5/6, Haltestelle Odeonsplatz | Und heute Schon bald nach dem Tod Ludwigs II. wurde das Wasser des Sees abgelassen, ein Jahr später der Wintergarten auf Weisung von Prinzregent Luitpold abgetragen. Die Feuchtigkeit des künstlichen Sees hatte Teile der Residenz in Mitleidenschaft gezogen.

110 Der Winthirfriedhof

Der »Millionenbauer« und sein ausschweifendes Leben

Der 1315 erstmals urkundlich erwähnte Friedhof Neuhausen, wegen der nahen gotischen Winthirkirche auch Winthirfriedhof genannt, ist der mit Abstand kleinste Gottesacker der Stadt. Die lediglich 180 Gräber aber haben es in sich. Oskar von Miller, der Gründer des Deutschen Museums, liegt hier seit 1934, Sigi Sommer, der Journalist und Schriftsteller, seit 1996, und Lorenz Hauser, der »Millionenbauer« aus Neuhausen, seit 1918. Und dieser »Hauserlenz«, wie er in Neuhausen auch gerufen wurde, hat wahrscheinlich das schillerndste und exzessivste Leben aller hier auf dem Friedhof Versammelten geführt. Denn der 1869 geborene Erbe des Strohmeier-Hofes, der seinerzeit größten Landwirtschaft Neuhausens, war binnen weniger Monate unendlich reich geworden. Er hatte sein Land zwischen dem heutigen Rotkreuzplatz und dem Hirschgarten Stück für Stück zu Bestpreisen an die sich immer rasanter ausweitende Stadt München verkauft, nachdem Neuhausen 1890 eingemeindet worden war. Der Hauserlenz wurde zum mehrfachen Goldmarkmillionär.

»S'Geld muaß unter d'Leit« war sein Motto, und entsprechend führte der »Millionenbauer« fortan ein Leben in Verschwendung, Protz und Großzügigkeit. Der Pferdenarr legte sich einen eigenen Rennstall zu und einen Kutschenpark, hielt ganze Gastwirtschaften frei, feierte rauschende Feste, bedachte seine Freunde großzügig mit Geld und warf auf dem Weg zur Kirche schon mal aus der Kutsche Geldscheine und Münzen in die Menge. Sein größter Coup aber sollte ein eigenes Jagdschloss werden, eine prächtige Villa, so wie sie sich die Lenbachs und Kaulbachs leisteten. Auf einem parkähnlichen Grundstück an der Würm in Allach ließ er sich eine exzentrische Schlossanlage bauen, sein »Neuschwanstein im Dachauer Moos«. Auch hier lud der Schlossherr zu rauschenden Festen und machte seinem Ruf alle Ehre. Dennoch: Der Hauserlenz fühlte sich in diesen Mauern nie so richtig wohl und zog schließlich wieder ganz zurück in die Stadt.

Das Schloss des Lorenz Hauser

Adresse Winthierfriedhof: Winthirstraße 15, 80639 München (Neuhausen); Gilmer Schloss: Vogelloh 48a, 80997 München (Allach) | **Anfahrt** Friedhof: Tram 12, Haltestelle Volkartstraße. Schloss: S 2, Haltestelle Karlsfeld | **Und heute** Lorenz Hauser liegt auf dem Neuhauser Friedhof an der kleinen Winthirkirche begraben. Das Schloss gehört der Firma MAN und ist für die Öffentlichkeit nicht zugänglich.

111 Die Wohngemeinschaft

Die Gräfin Reventlow steht für die Schwabinger Boheme

»Schwabing ist kein Ort, sondern ein Zustand.« Diese Beschreibung hat die extrovertierte Gräfin Fanny zu Reventlow ebenso kreiert wie den Schwabing-Terminus »Wahnmoching«, der treffender Münchens Künstlerviertel um die Wende zum 20. Jahrhundert nicht beschreiben konnte. Das pulsierende Schwabing zog viele Künstler an, die Künstler- und Atelierfeste genossen einen legendären Ruf. Aber keine Person wurde so zum Inbegriff der Schwabinger Boheme wie die 1871 in Husum geborene Gräfin Reventlow, die es, gerade volljährig, 1892 gegen den Willen ihrer strengen Eltern nach München zog, um hier Kunst zu studieren.

Die Reventlow war eine äußerst attraktive junge Frau, selbstbewusst und das Leben auskostend. Kein Ball, kein Atelierfest ohne sie, angehimmelt von Künstlern und Schriftstellern. Sie genoss den Ruf einer glänzenden Gesellschafterin und feurigen Liebhaberin. »Ich liebe den einen und begehre sechs andere.« Rainer Maria Rilke warf ihr über Monate hinweg jeden Morgen ein Gedicht in den Briefkasten. Sie bekam ein Kind, einen Sohn, Rolf, den sie »Bubi« nannte und über alles liebte, verriet aber nie, wer der Vater war. Raum für die wildesten Spekulationen.

Ihr Leben war aber auch gezeichnet von chronischer Geldnot. Immer wieder wechselte sie die Wohnung, in 17 Jahren 26 Mal. Nur einmal wurde sie stetig. 1903 gründete sie gemeinsam mit dem Schriftsteller Franz Hessel und dem polnischen Künstler Bohdan von Suchocki, ihrem aktuellen Geliebten, in einem heruntergekommenen Eckhaus in der Kaulbachstraße 63 eine Wohngemeinschaft, die erste ihrer Art in München. Das »Eckhaus« wurde für drei Jahre zum Treffpunkt der Künstlerszene. Die Reventlow schrieb für den »Simplicissimus«, malte und übersetzte für den Langen-Verlag. Mit ihrem 1913 erschienenen Roman »Herrn Dames Aufzeichnungen oder Begebenheiten aus einem merkwürdigen Stadtteil« setzte sich die »Schwabinger Gräfin« ein literarisches Denkmal.

Fanny zu Reventlow im Eckhaus Kaulbachstraße

Adresse Kaulbachstraße 63, 80539 München (Schwabing) | **Anfahrt** U 3/6, Haltestelle Universität oder Giselastraße | **Und heute** Das Haus in der Kaulbachstraße steht nicht mehr.

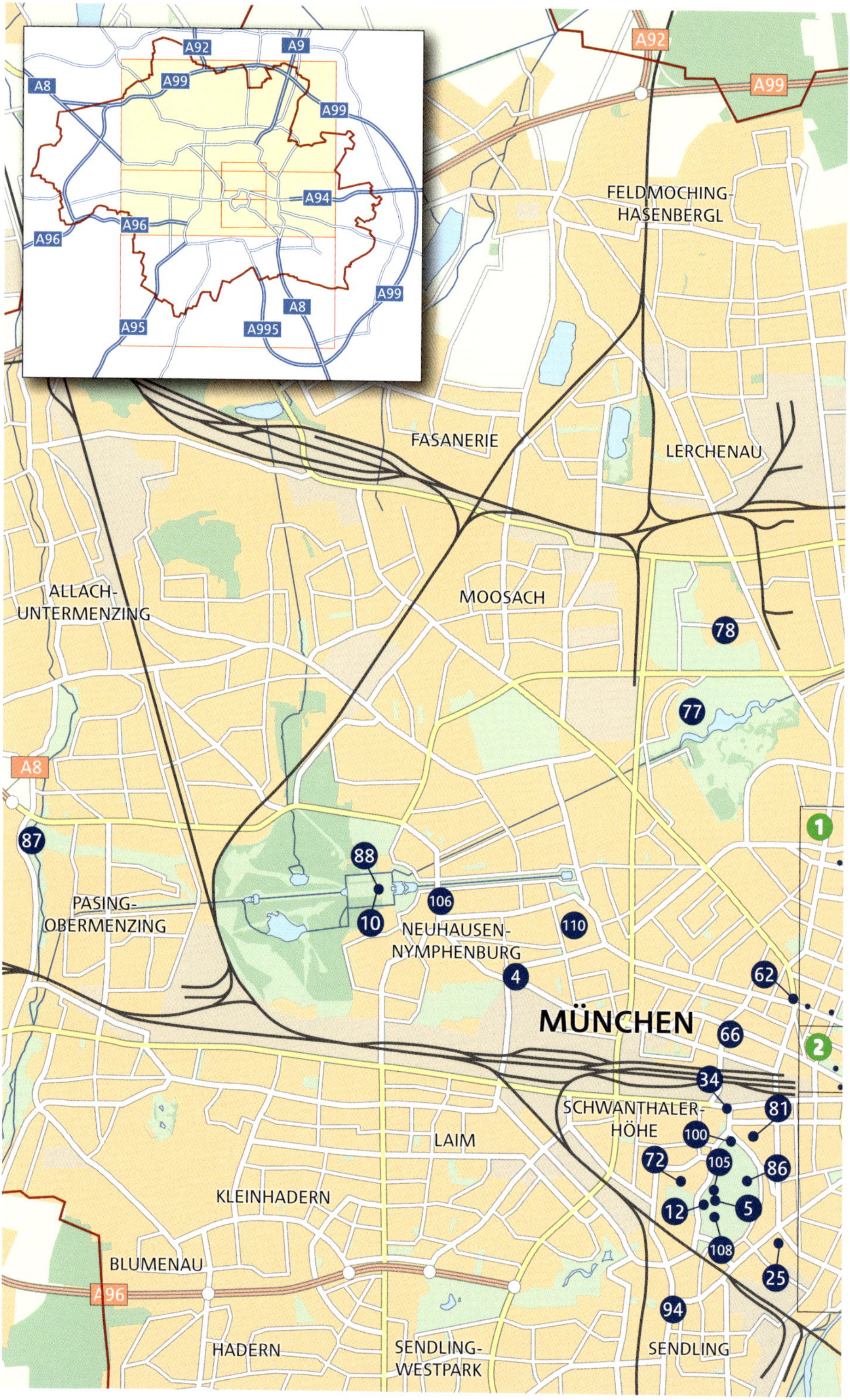

A92
A9
A8
A99
A99
A94
A96
A96
A99
A8
A95
A995
A92
A99
FELDMOCHING-
HASENBERGL
FASANERIE
LERCHENAU
ALLACH-
UNTERMENZING
MOOSACH
78
77
A8
1
87
88
PASING-
OBERMENZING
106
110
10
NEUHAUSEN-
NYMPHENBURG
4
62
MÜNCHEN
66
2
34
SCHWANTHALER-
HÖHE
81
100
LAIM
72
105
86
KLEINHADERN
12
5
108
BLUMENAU
25
A96
94
HADERN
SENDLING-
WESTPARK
SENDLING

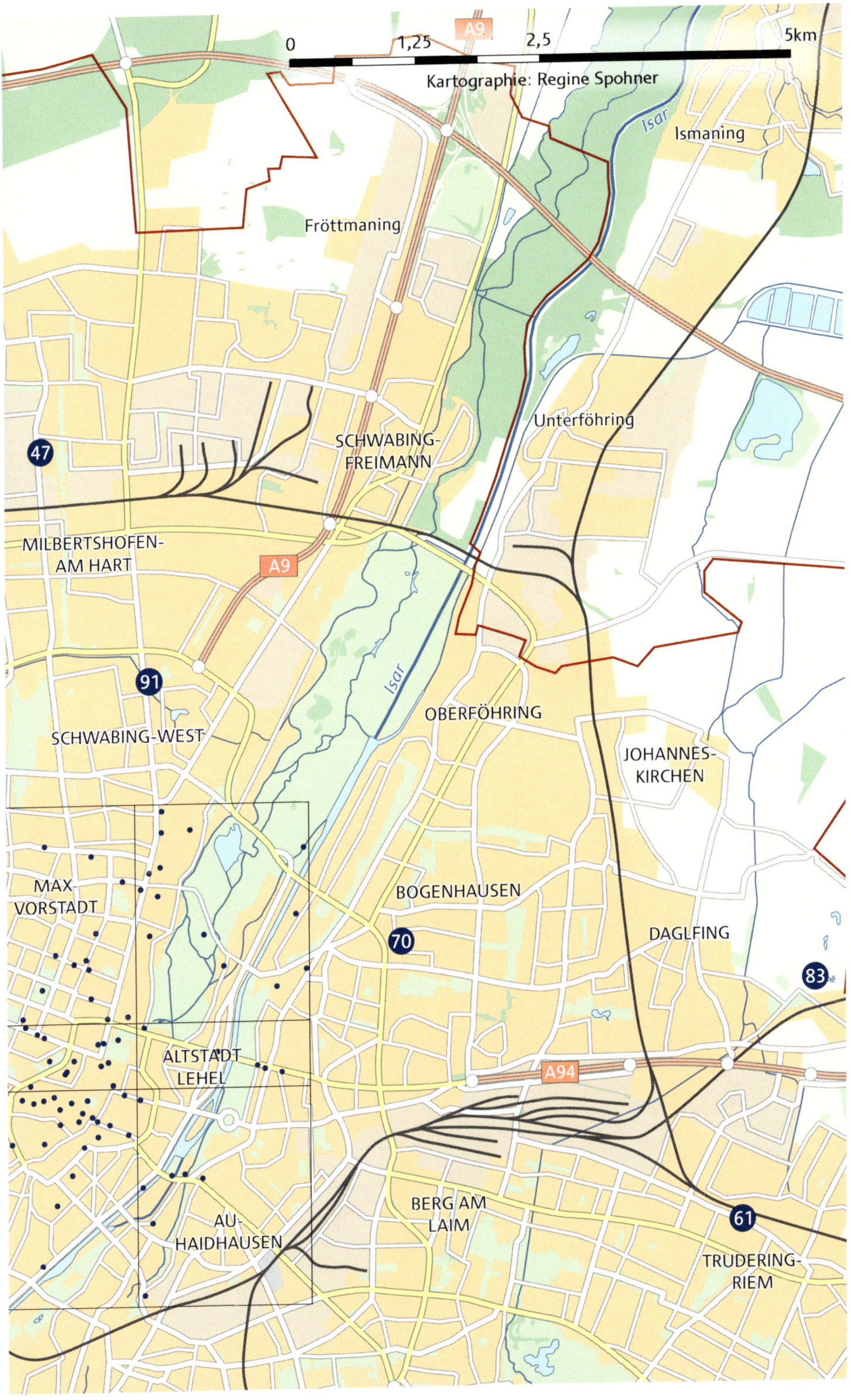

0
1,25
2,5
5km
Kartographie: Regine Spohner
A9
Isar
Ismaning
Fröttmaning
Unterföhring
SCHWABING-
FREIMANN
47
MILBERTSHOFEN-
AM HART
A9
91
Isar
OBERFÖHRING
SCHWABING-WEST
JOHANNES-
KIRCHEN
MAX-
VORSTADT
BOGENHAUSEN
70
DAGLFING
83
ALTSTADT
LEHEL
A94
AU-
HAIDHAUSEN
BERG AM
LAIM
61
TRUDERING-
RIEM

SCHWANTHALER-
HÖHE
LAIM
KLEINHADERN
BLUMENAU
A96
HADERN
SENDLING-
WESTPARK
SENDLING
MITTER-
SENDLING
GROßHADERN
Martins-
ried
A95
THALKIRCHEN
Isar
OBERSENDLING
Neuried
FÜRSTENRIED
FORSTENRIED
HARLACHING
SOLLN
Gartenstadt
Grünwald
Höllriegels-
kreuth
34
81
100
105
72
86
12
5
108
25
94
39
46
26
15
0
1,25
2,5
5km
Kartographie: Regine Spohner

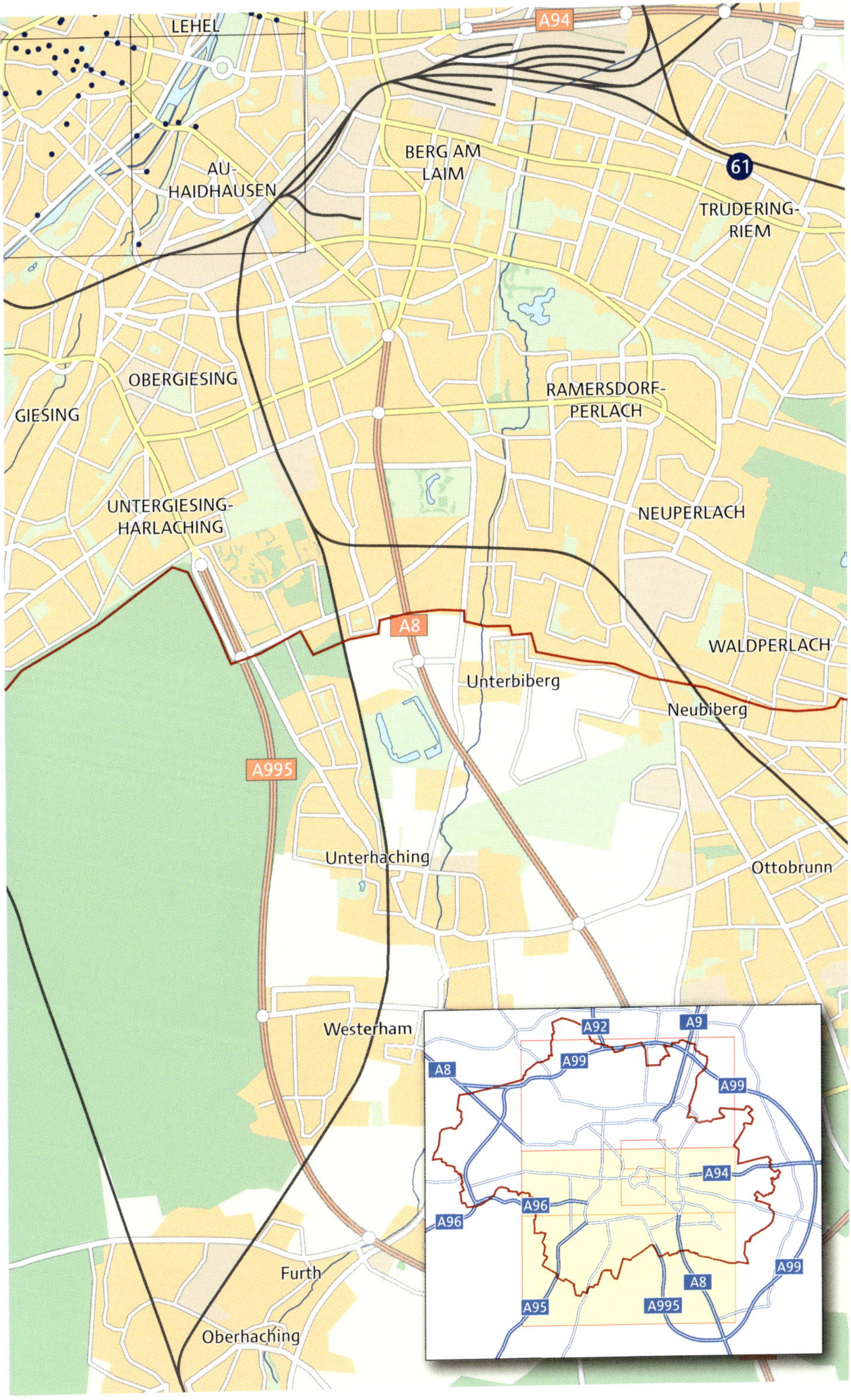
LEHEL
A94
BERG AM
LAIM
AU-
HAIDHAUSEN
61
TRUDERING-
RIEM
OBERGIESING
GIESING
RAMERSDORF-
PERLACH
UNTERGIESING-
HARLACHING
NEUPERLACH
A8
WALDPERLACH
Unterbiberg
Neubiberg
A995
Unterhaching
Ottobrunn
Westerham
A92
A9
A8
A99
A99
A94
A96
A96
A99
A8
A95
A995
Furth
Oberhaching

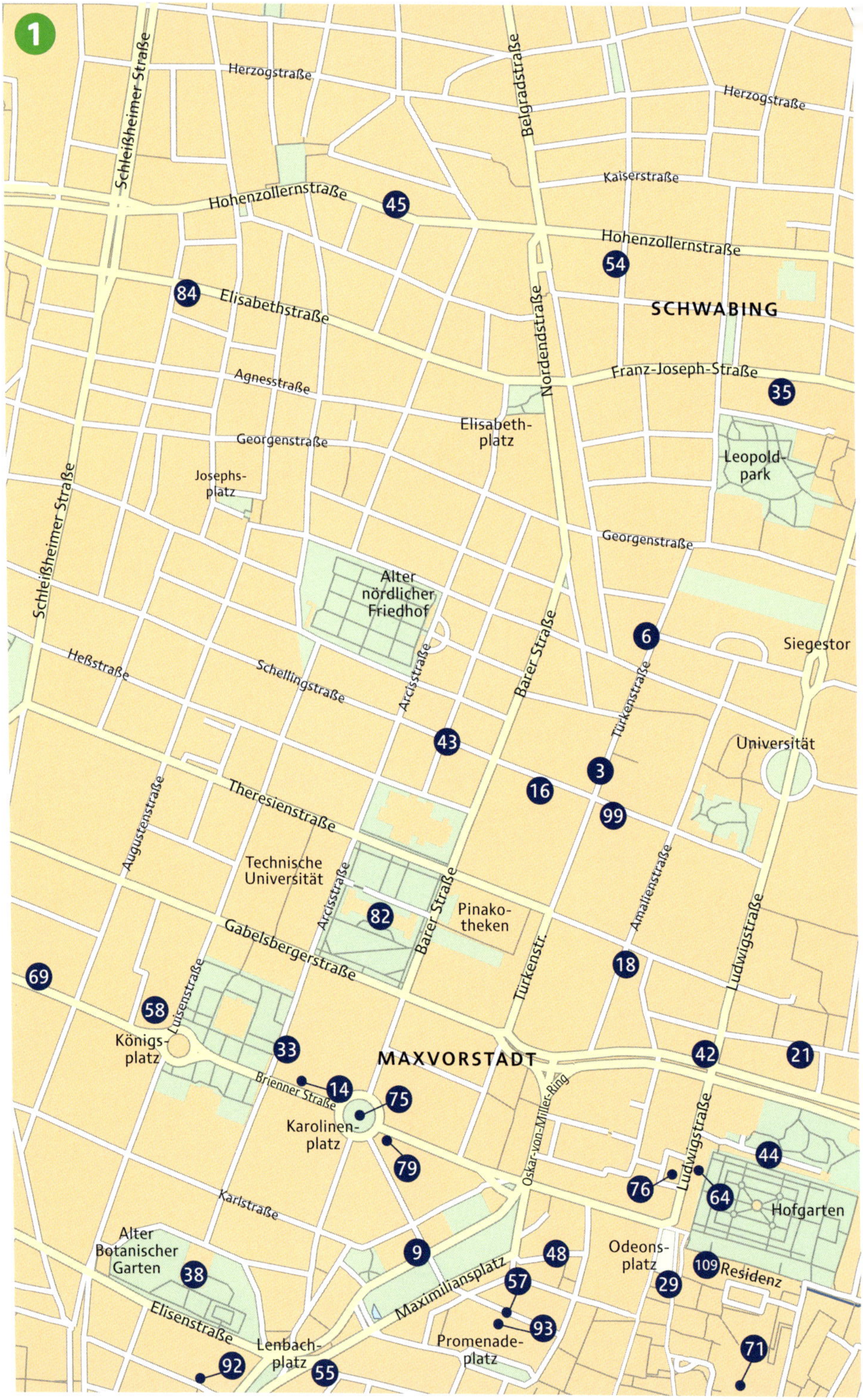
1
Herzogstraße
Herzogstraße
Belgradstraße
Schleißheimer Straße
Kaiserstraße
Hohenzollernstraße
45
Hohenzollernstraße
54
84
Elisabethstraße
SCHWABING
Nordendstraße
Agnesstraße
Franz-Joseph-Straße
35
Elisabeth-
platz
Georgenstraße
Leopold-
park
Josephs-
platz
Schleißheimer Straße
Georgenstraße
Alter
nördlicher
Friedhof
6
Siegestor
Heßstraße
Schellingstraße
Arcisstraße
Barer Straße
Türkenstraße
43
Universität
3
16
99
Theresienstraße
Augustenstraße
Technische
Universität
Amalienstraße
Arcisstraße
Barer Straße
Ludwigstraße
82
Pinako-
theken
Gabelsbergerstraße
18
Türkenstr.
69
58
Luisenstraße
Königs-
platz
33
MAXVORSTADT
42
21
Brienner Straße
14
75
Oskar-von-Miller-Ring
Karolinen-
platz
44
79
Ludwigstraße
76
64
Hofgarten
Karlstraße
Alter
Botanischer
Garten
38
9
48
Odeons-
platz
109
Residenz
Maximiliansplatz
57
29
Elisenstraße
93
Lenbach-
platz
Promenade-
platz
71
92
55

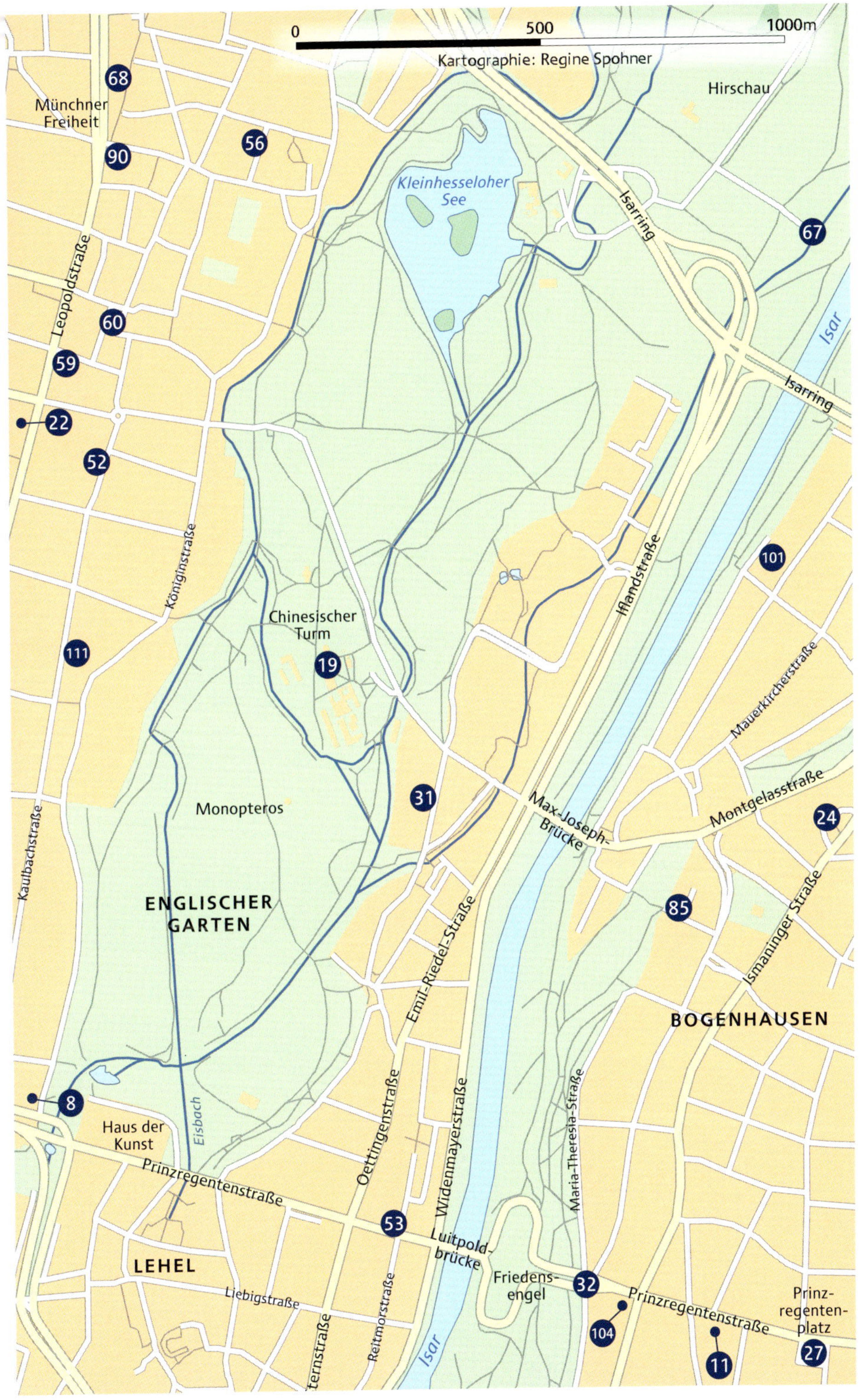
0
500
1000m
Kartographie: Regine Spohner
Münchner Freiheit
Hirschau
Kleinhesseloher See
Isarring
Leopoldstraße
Isar
Isarring
Königinstraße
Iflandstraße
Chinesischer Turm
Mauerkircherstraße
Max-Joseph-Brücke
Montgelasstraße
Monopteros
Kaulbachstraße
ENGLISCHER GARTEN
Emil-Riedel-Straße
Ismaninger Straße
BOGENHAUSEN
Eisbach
Haus der Kunst
Oettingenstraße
Widenmayerstraße
Maria-Theresia-Straße
Prinzregentenstraße
Luitpoldbrücke
LEHEL
Friedensengel
Liebigstraße
Reitmorstraße
Isar
Prinzregentenstraße
Prinzregentenplatz
68
90
56
60
59
22
52
111
19
31
8
53
32
104
11
27
67
101
24
85

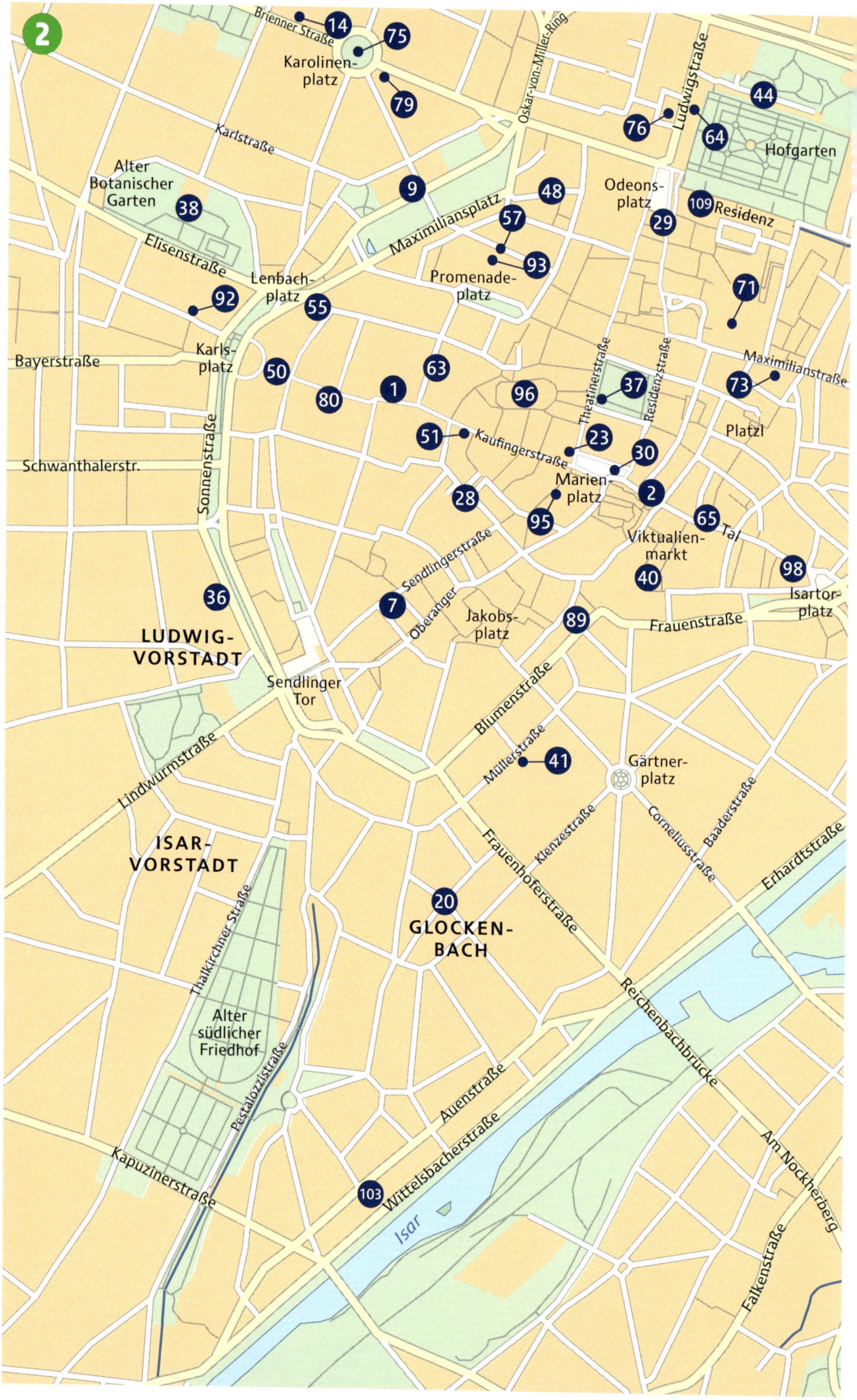
2
Brienner Straße
Karolinenplatz
Oskar-von-Miller-Ring
Ludwigstraße
Hofgarten
Karlstraße
Alter Botanischer Garten
Odeonsplatz
Residenz
Maximiliansplatz
Elisenstraße
Lenbachplatz
Promenadeplatz
Karlsplatz
Bayerstraße
Theatinerstraße
Residenzstraße
Maximilianstraße
Platzl
Kaufingerstraße
Schwanthalerstr.
Sonnenstraße
Marienplatz
Tal
Viktualienmarkt
Sendlingerstraße
Oberanger
Jakobsplatz
Frauenstraße
Isartorplatz
LUDWIG-VORSTADT
Sendlinger Tor
Blumenstraße
Müllerstraße
Gärtnerplatz
Lindwurmstraße
Klenzestraße
Corneliusstraße
Baaderstraße
ISAR-VORSTADT
Frauenhoferstraße
Erhardtstraße
GLOCKENBACH
Thalkirchner Straße
Reichenbachbrücke
Alter südlicher Friedhof
Pestalozzistraße
Auenstraße
Wittelsbacherstraße
Am Nockherberg
Kapuzinerstraße
Isar
Falkenstraße
14
75
79
44
76
64
9
48
109
29
38
57
93
71
92
55
50
63
1
80
96
37
73
51
23
30
2
28
95
65
98
40
36
7
89
41
20
103

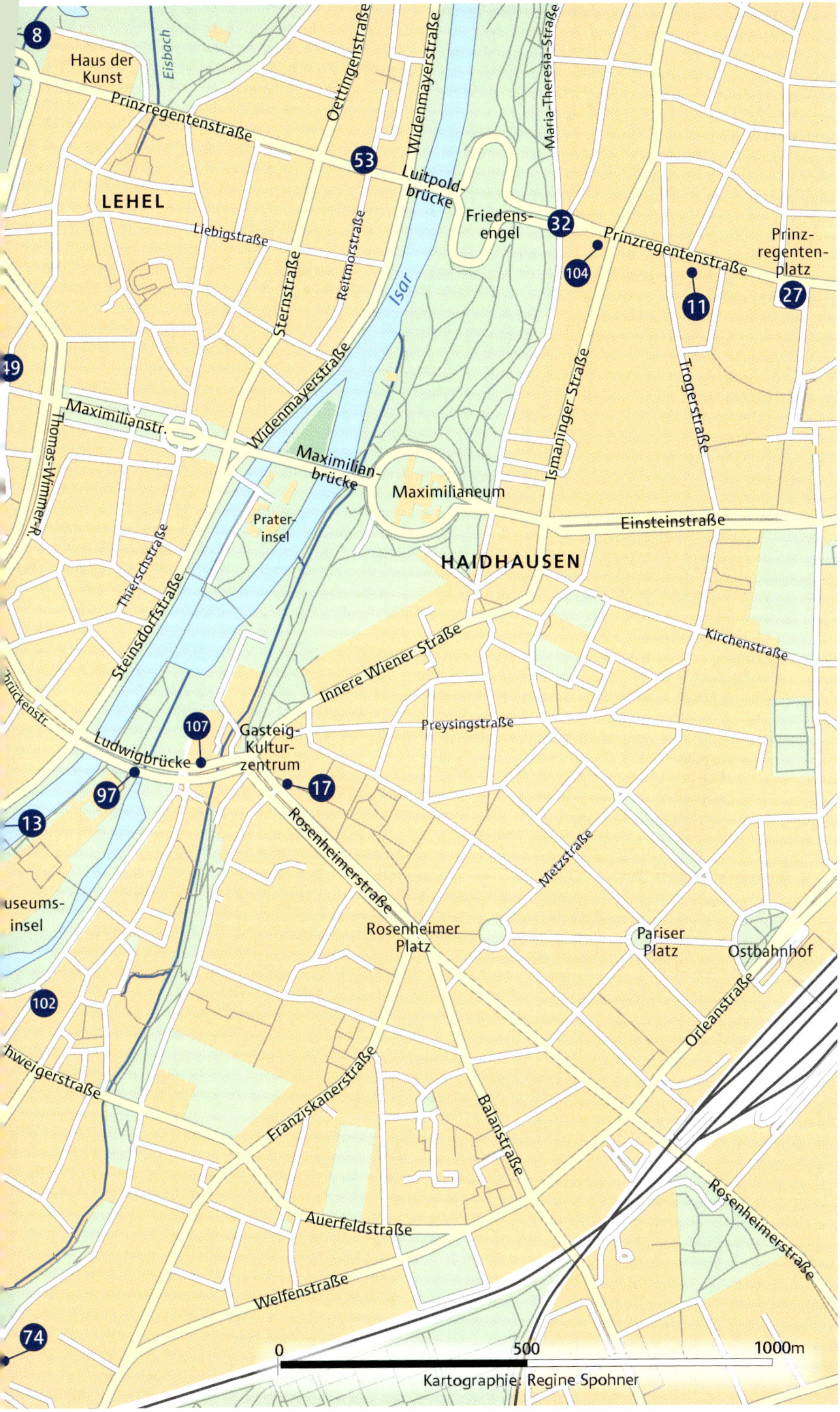
8
Haus der Kunst
Eisbach
Prinzregentenstraße
Oettingenstraße
Widenmayerstraße
Maria-Theresia-Straße
53
Luitpoldbrücke
LEHEL
Friedensengel
32
Liebigstraße
Reitmorstraße
Sternstraße
Isar
Prinzregentenstraße
104
Prinz-regenten-platz
27
11
49
Widenmayerstraße
Trogerstraße
Ismaninger Straße
Maximilianstr.
Thomas-Wimmer-R.
Maximilianbrücke
Maximilianeum
Praterinsel
Einsteinstraße
Thierschstraße
HAIDHAUSEN
Steinsdorfstraße
Kirchenstraße
Innere Wiener Straße
brückenstr.
107
Gasteig-Kultur-zentrum
Preysingstraße
Ludwigbrücke
17
97
13
Rosenheimerstraße
Metzstraße
useums-insel
Rosenheimer Platz
Pariser Platz
Ostbahnhof
102
Orleanstraße
hweigerstraße
Franziskanerstraße
Balanstraße
Rosenheimerstraße
Auerfeldstraße
Welfenstraße
74
0
500
1000m
Kartographie: Regine Spohner

Fotonachweis

Alle Farbfotos © Rüdiger Liedtke, außer den Orten 5, 42 und 86. Ort 5: Armbrustschützenzelt/Hilmar Jönke; Ort 42: Beatrice Lange; Ort 86: Manfred Schauer/Schichtl; Motiv Ort 10: Badenburg, Bayerische Schlösserverwaltung; Motiv Ort 53: Bayerische Staatgemäldesammlung, Sammlung Schack; Motiv Ort 82: Bayerische Staatgemäldesammlung, Alte Pinakothek.

Fotonachweise der historischen S/W-Fotos: Orte 1, 7, 8, 16, 21, 40, 46, 48, 50, 51, 52, 54, 79, 88, 89, 91, 104, 109, 110, 111: wikimedia commons; Orte 2, 3, 14, 17, 19, 29, 32, 34, 44, 47, 57, 64, 72, 75, 80, 81, 83, 98, 102, 105: Stadtarchiv, München; Ort 4: Gewofag Holding GmbH, München; Ort 5: SZ-Photo/Fritz Neuwirth; Ort 6: Arnold & Richter Cine Technik GmbH & Co. Betriebs KG; Ort 9: wikimedia commons/dreamworlds; Ort 10: Bayerische Schlösserverwaltung – G. Schmidt; Ort 11: picture alliance/Lothar Parschauer; Ort 12: Privatarchiv; Orte 13, 25: Deutsches Museum; Ort 15: Privatarchiv; Orte 18, 39, 49, 55, 96: Monacensia, Literaturarchiv und Bibliothek München; Ort 20: Privatarchiv; Ort 22: Sepp Werkmeister; Ort 23, 74: Paulaner Brauerei GmbH & Co. KG; Ort 24: Bundesfinanzhof; Ort 26: Tierpark Hellabrunn – Archiv; Ort 27: SZ-Photo/Scherl; Ort 28: Bundesarchiv, Bild 146-1990-032-29A/Fotograf unbekannt; Ort 30: Privatarchiv; Ort 31: coldwarradios.blogspot.de; Ort 33: Bundesarchiv, Bild 183-H12951/Fotograf unbekannt; Orte 35, 43, 58: ullstein Bildagentur; Ort 36: Institut für Ethik, Geschichte und Theorie der Medizin der LMU, München; Ort 37: Archiv FC Bayern München; Ort 38: Privatarchiv; Orte 41, 107: Stadtwerke München; Ort 42: Landeszentralbank, München; Orte 45, 62, 69, 77: Münchenfoto Heinz Gebhardt; Ort 53: Bayerische Staatskanzlei; Ort 56: Münchner Lach- und Schießgesellschaft; Ort 59: picture alliance/Gerhard Rauchwetter; Ort 60: Privatarchiv; Ort 61: picture alliance/SZ-Photo/Karl-Heinz Egginger; Ort 63: SZ Photo/United Archives; Ort 65: Privatarchiv; Ort 66: picture alliance/dpa/Gerhard Rauchwetter; Ort 67: Bayerisches Wirtschaftsarchiv, München; Ort 68: picture alliance/SZ-Photo/SZ-Photo; Ort 70: Giorgio Moroder; Orte 71, 108: Münchner Stadtmuseum, Sammlung Graphik/Plakat/Gemälde; Ort 73: picture alliance/SZ-Photo/G. Blank; Ort 76: Bayerisches Landesamt für Denkmalpflege; Ort 78: picture alliance/dpa; Ort 82: Bayerische Staatsgemäldesammlung © Bayerische Staatsgemäldesammlungen – Alte Pinakothek, München; Ort 84: Jürgen Olczyk/Diana Film; Ort 85: picture alliance/SZ-Photo/SV-Bilderdienst; Ort 86: Manfred Schauer (Schichtl); Ort 87: Privatarchiv; Ort 90: SZ-Photo/Fritz Neuwirth; Ort 92: picture alliance/dpa/Goebel; Ort 94: Privatarchiv; Ort 95: Sporthaus Schuster GmbH, München; Ort 97: Privatarchiv; Ort 99: picture alliance/akg-images; Ort 100: picture alliance/dpa/ap; Ort 101: picture alliance/SZ-Photo/Scherl; Ort 103: Oliver Buch, TSV 1860 München; Ort 106: Privatarchiv. Die Fotografen der Abbildungen konnten teilweise nicht ermittelt werden. Wir bitten Fotografen und Archive, sich beim Verlag zu melden.

Der Autor

Rüdiger Liedtke, Autor und Journalist, schrieb die Erfolgsbücher »111 Orte in München, die man gesehen haben muss«, Band 1 und Band 2, und »111 Orte auf Mallorca, die man gesehen haben muss«.

www.ruediger-liedtke.de